역사 교과서
집필진이 쉽게
풀어 주는

술술

한국사

5 일제 강점기

그림 백대승

대학에서 만화와 애니메이션을 전공하고, 지금도 다양한 애니메이션과 어린이를 위한 그림책을 그리고 있다. 애니메이션 〈왕후 심청〉의 아트 디렉터로 일했으며, 그린 책으로는 《초록 눈 코끼리》《무서운 호랑이들의 가슴 쩡한 이야기》《하얀 눈썹 호랑이》《검고 소리》 등이 있다.

역사 교과서 집필진이 쉽게 풀어 주는
술술 한국사 ❺ 일제 강점기

1판 1쇄 발행 | 2015. 1. 5.
1판 9쇄 발행 | 2024. 11. 1.

노현임 글 | 백대승 그림 | 한철호 감수

발행처 김영사 | 발행인 박강휘
등록번호 제 406-2003-036호
등록일자 1979. 5. 17.
주소 경기도 파주시 문발로 197(우10881)
전화 마케팅부 031-955-3100 편집부 031-955-3113~20
팩스 031-955-3111

© 2015 노현임

값은 표지에 있습니다.
ISBN 978-89-349-6922-8 44900
      978-89-349-6917-4 (세트)

좋은 독자가 좋은 책을 만듭니다. 김영사는 독자 여러분의 의견에 항상 귀 기울이고 있습니다.
독자의견전화 031-955-3139 | 전자우편 book@gimmyoung.com
홈페이지 www.gimmyoung.com | 어린이들의 책놀이터 cafe.naver.com/gimmyoungjr

이 도서의 국립중앙도서관 출판시도서목록(CIP)은 서지정보유통지원시스템 홈페이지(http://seoji.nl.go.kr)와
국가자료공동목록시스템(http://www.nl.go.kr/kolisnet)에서 이용하실 수 있습니다. (CIP제어번호 : CIP2014028435)

|어린이제품 안전특별법에 의한 표시사항| 제품명 도서 제조년월일 2024년 11월 1일
제조사명 김영사 주소 10881 경기도 파주시 문발로 197 전화번호 031-955-3100 제조국명 대한민국
사용 연령 11세 이상 ⚠주의 책 모서리에 찍히거나 책장에 베이지 않게 조심하세요.

일러두기

1. 책 속에 들어간 인용문은 원문을 최대한 살리는 것을 원칙으로 하되, 읽고 이해하는 데 어려움이 있는 부분은 현대적 표현으로 바꾸어 실었습니다.

2. 찾아보기는 내용상 중요한 단어들로 뽑았으며, 본문에서도 색글자로 강조했습니다(단 중복해서 나오는 단어는 처음 한 번만 강조).

3. 어려운 용어나 덧붙여 설명할 내용이 있는 단어 앞에 •를 표기했습니다.

역사 교과서
집필진이 쉽게
풀어 주는

술술
한국사

5 일제 강점기

노현임 글 | 백대승 그림 | 한철호 감수

주니어김영사

가장 뜨거운 화두인
한국사

한국사는 오늘날 영토 갈등, 역사 왜곡 등 세계 여러 나라와 얽힌 이해관계 및 국내외의 정세와 맞물려 한층 그 중요성이 강조되고 있습니다. 또 얼마 전에는 '한국사 교과서 국정 교과서화' 논란이 다시 일기도 했지요. 이에 교육 현장에서는 올바른 역사 교육을 통한 역사 바로 세우기에 대한 관심이 높아지고, 구체적인 대책을 마련해 역사 교육을 강화하려는 방침을 세우고 있습니다. 2017학년도 수능부터 모든 수험생이 필수적으로 한국사를 응시하도록 하면서, 한국사의 중요성은 더욱 증대되고 있는 실정입니다. 더불어 강화된 정책만큼 한국사를 어떻게 가르치고 공부해야 하는지에 대한 교육 현장의 고민도 늘어나고 있습니다.

우리나라 사람들이 역사에 가장 관심을 갖는 시기는 학창 시절입니다. 요즘은 초등학교 고학년부터 역사를 배웁니다. 그러다가 중학교 때 다시 배우기 시작하는 《역사 1》은 초등학교 역사에 비해 훨씬 어렵습니다. 정보량이 갑자기 폭발적으로 늘어나기 때문입니다.

〈역사 교과서 집필진이 쉽게 풀어 주는 술술 한국사〉(이하 〈술술 한국사〉) 시리즈는 변화하는 역사 교육의 소용돌이 속에서 든든한 안내자 역할을 하며 다년간 교육 현장에서 역사 교육에 종사해 온 전문가들에 의해 기획되었습니다. 청소년의 수준을 고려해 쉽고 흥미롭게 한국사를 접할 수 있도록 내용을 선별하고 친절하게 서술하는 데 온힘을 쏟았기 때문에 어려워지는 한국사 수업에 침착하게 대처할 수 있게 합니다. 따라서 〈술술 한국사〉 시리즈는 수능시험에서 필수 과목으로 한국사에 응시해야 하는 현재의 중·고등학생들을 위해서라도 반드시 필요한 책이라고 생각합니다.

감수를 맡으면서 검토해 본 결과, 〈술술 한국사〉의 최대 장점은 최신 교과 과정과 이후 교과 개편 방향을 반영하면서도 술술 읽히도록 자연스럽게 풀어냈다는 점입니다. 암기식 학습으로 한국사에 흥미를 잃은 청소년들을 위한 반복 학습용으로 손색이 없다고 생각합니다. 특히 이 시리즈는 어느 한쪽으로 치우치지 않고 인물, 정치, 문화, 대외 관계 등을 흐름 속에서 파악할 수 있게 하는 한편, 내용의 흐름을 방해하지 않는 수준의 다양한 사진과 자료, 도표 등으로 내실을 강화했고, 중·고교 교과 이후에 알아도 될 정보는 과감히 빼, 기존의 초등학생들을 위한 흥미 위주의 역사서와 성인을 위한 난해한 역사 교양서의 중간 다리가 되어 줄 것입니다.

이 책의 또 다른 특징은 근현대사에 대한 비중을 높였다는 점입니다. 개항기와 일제 강점기를 전공한 저에게는 청소년 대상 근현대사 교육이 강화되는 것이 바람직하다고 생각합니다. 기존의 한국사 도서들은 조선 후기까지의 역사만 자세하게 다룰 뿐 근현대사의 미묘한 부분을 제외시키거나 간략하게 언급하고 넘어가는 정도였지만, 〈술술 한국사〉는 청소년들의 바른 알 권리를 위해 근현대사를 세 권의 분량으로 다루고 있는 점이 눈에 띕니다.

〈술술 한국사〉의 저자들은 교과서를 집필하고 실제 현장에서 역사 교육에 몸담고 있는, 이미 이 분야에서 실력을 검증받은 분들입니다. 아무쪼록 〈술술 한국사〉가 역사에 대한 학습 도우미를 넘어 청소년들의 역사관을 바로 세우는 데 일조할 것을 기대합니다.

감수자 대표 한 철 호

과거를 통해 현재와 미래를
바로 세우기를 바라며

우리나라 사람들은 역사를 다룬 소설이나 드라마를 참 좋아합니다. 하지만 학교에서 배우는 역사 과목은 그다지 인기가 많지 않지요. 같은 역사인데 왜 다를까요? 여러 이유가 있겠지만, 역사를 접근하는 방법의 차이도 큰 원인일 것이라고 생각합니다.

역사는 과거에 대한 기록입니다. 어떤 특정 공간에서 이루어진 사람들의 삶에 관한 이야기지요. 그래서 소설이나 드라마로 역사를 접하면 재미있는 옛날이야기처럼 사건의 전개 과정을 따라가게 되어, 역사가 재미있게 느껴집니다. 게다가 실제 일어났던 역사적 사건을 배경으로 했다는 점과 극적인 장치들이 더해져 이야기는 더욱 흥미롭게 느껴지지요.

반면에 학교에서는 짧은 기간에 많은 양의 역사적 지식을 한꺼번에 접하고 외워야 하기 때문에 즐거움을 느끼기 어렵습니다. 정작 중요한 사건의 흐름은 놓치고 시험을 잘 치기 위해 수많은 등장인물과 제도, 연도 등을 암기하느라 골치 아플 때가 많지요. 등장인물이나 제도는 암기의 대상이기 전에 사건을 이해하기 위해 절대적으로 필요한 요소입니다. 이를 깨닫고 인과관계를 중심으로 역사의 흐름을 이해한다면 역사 과목도 그리 지루하고 어렵지만은 않을 것입니다.

역사는 물론 과거의 이야기입니다만 그렇다고 과거에만 한정되지 않습니다. 과거가 바탕이 되어 현재를 이루고, 현재를 바탕으로 미래가 펼쳐지기 때문입니다. 따라서 잘못된 과거를 반성하고 현재를 직시해 미래를 바로 세우기 위해서는 역사를 공부해야만 합니다.

우리나라는 1910년부터 1945년까지 일제에 주권을 빼앗기고 식민지가 되어 나라 없는 설움을 겪었습니다. 일본은 우리나라를 침략하고 우리 민족을 핍박한 것에 대해 인정하려 들지 않을 뿐 아니라, 아직까지도 제대로 된 사과와 배상을 하지 않고 있습니다. 잘못된 과거를 반성하지 않는다는 것은 앞으로도 비슷한 잘못을 반복해 저지를 수 있다는 의미로 해석할 수 있습니다. 그래서 일본의 잘못된 역사 인식과 태도에 대해 세계의 여러 나라들이 우려를 표명하고 있습니다.

일본이 우리에게 저지른 만행들을 제대로 기억하지 않고 잊는다면 그들은 결코 우리에게 사과하지 않을 겁니다. 따라서 우리는 우리의 역사를 절대로 잊지 말아야 합니다. 과거를 되돌릴 수는 없지만 과거의 잘못을 반복하지 않을 수는 있습니다. 이 책은 일제 강점기에 일본이 저지른 악행들과 우리 민족이 어떻게 일본에 저항했는지에 대해 말하고 있습니다. 우리의 아픈 역사를 살펴보고 같은 실수를 반복하지 않기를 바라는 마음으로 일제 강점기의 역사를 최대한 객관적으로 서술하고자 노력했습니다. 독자들의 올바른 역사 인식 정립에 조금이나마 도움이 되었으면 좋겠습니다.

노현임

| 차 례 |

추천사

머리말

 1장 무단 통치와 3·1 운동

 2장 민족 분열 정책과 국내외의 민족 운동

무단 통치와 3·1 운동

1910년 8월 29일에 일제, 즉 일본 제국에 국권을 빼앗긴 뒤 1945년 8월 15일에 광복을 맞이할 때까지 우리나라는 만 35년 동안 고통받았어요. 우리 민족은 일제의 잔인하고 무자비한 탄압에도 독립을 이루기 위해 끈질기게 노력했지요. 일제 강점기는 일제의 통치 방식에 따라 크게 1910년대, 1920년대, 1930~40년대로 구분할 수 있어요. 이제부터 1910년대에 전개된 일제의 통치 방식과 우리 민족의 거국적인 만세 운동인 3·1 운동에 대해 살펴보도록 해요.

무궁화 세계의 침몰

새와 짐승도 슬피 울고 산천도 찡그리니
무궁화 세계는 이미 침몰했구나.
가을 등불 아래 책을 덮고 지난날을 생각하니
지식인 노릇이 참으로 어렵기만 하구나.

         – 〈절명시〉(황현)

  1910년 8월 29일, '한국 황제 폐하는 한국 전
부에 관한 모든 통치권을 완전 또는 영구히 일
본 황제 폐하에게 넘겨주고, 완전히 한국을 일
본 제국에 병합함을 승낙한다.'는 *한·일 병합

▌**황현(1855~1910)** 조선 후기의 학자로 《매천야록》을
저술했다. 국권이 피탈되자 〈절명시〉 4편을 남기고 순
국했다.

한·일 병합 조약 일본이 일방적으로 사용한 '병합'이라는 용어 대신
'병탄(다른 나라의 영토를 한데 아울러서 제 것으로 만든다는 뜻)'이라
는 단어를 사용하거나 '한·일 강제 병합 조약'이라고 바꿔 불러야 한다.

조약의 내용이 사람들에게 공개되었어요. 이로써 일제는 대한 제국의 통치권을 강제로 **빼앗고** 대한 제국을 식민지로 삼았지요. 경술년에 나라가 망했다고 해서 이 일을 경술국치라고 부르기도 해요. 망해 가던 나라를 걱정한 황현은 국권 피탈의 치욕을 견디지 못하고 〈절명시〉를 남기고 스스로 목숨을 끊었어요.

물론 '병합만이 살길'이라는 선언서를 발표해 일제를 기쁘게 한 일진회와 이 조약에 순종 대신 국새를 찍어 나라를 팔아넘긴 이완용 등 강제 병합을 환영하는 친일파도 있었지만 우리 민족의 대부분은 한·일 강제 병합 조약의 체결 소식에 큰 충격을 받았답니다.

이후 우리나라는 일제의 식민지가 되었어요. 우리나라의 영토는 일제에 편입되어 국적이 사라졌고, 우리 민족은 일제의 통치를 받게 되었지요. 그것은 곧, 이제 대한 제국의 국민들은 일제의 망국민이 되어 수탈과 억압의 대상으로 전락한다는 뜻이었답니다. 이에 수많은 사람들이 일제와 친일 매국노에 맞서 나라를 되찾기 위해 저항하기 시작했지요. 일제는 우리 민족이 격렬하게 저항하자, 이를 막기 위해 총칼을 앞세웠어요.

일제는 또 우리나라를 식민 지배하기 위해 조선 총독부를 설치했지요. 일제 강점기 동안 우리나라를 실질적으로 통치했던 조선 총독은 하늘을 나는 새도 떨어뜨릴 정도로 막강한 권력을 휘둘렀어요.

> 조선 총독을 육·해군 대장으로 임명한다. 조선 총독은 행정권·사법권·입법권과 함께 군대 지휘권을 갖는다.
>
> – 조선 총독부 관제(1910)

더군다나 조선 총독으로 임명된 일본인들은 모두 군인 출신으로, 일본 천왕에

▌**조선 총독부 공사 현장(1916)** 일제는 경복궁의 건물 일부를 헐고 근정전 바로 앞에 조선 총독부를 지었다.

게 직속되어 있었어요. 조선 총독은 자국 내각의 간섭도 거의 받지 않고 우리나라에서 절대 권력을 행사했답니다.

　일제는 독립을 요구하는 우리 민족의 저항을 억누르고 식민 통치를 원활히 하기 위해 무단 통치를 실시했어요. 무력을 행사해 우리나라 사람들이 두려움 때문에 독립은 꿈도 꾸지 못한 채 그저 일제가 시키는 대로 고분고분 따르도록 공포 분위기를 조성한 것이지요. 그 일환으로 조선 총독들은 경찰과 군대 그리고 갖가지 무력 도구를 동원해 우리 민족을 탄압했어요. 거대한 암흑의 공간으로 변해 버린 한반도에 희망의 빛은 보이지 않았고, 우리 민족에게는 그 어떤 자유도 허락되지 않았답니다.

무단 통치에 사용된 대표적인 제도는 바로 헌병 경찰 제도예요. 본래 헌병은 군대 내에서 법과 질서를 유지하는 사람들로, 쉽게 말하면 군인들의 경찰이에요. 무기를 소지하고 있는 군인들을 다루는 헌병은 민간인을 상대하는 경찰보다 훨씬 엄격할 수밖에 없지요. 일제는 헌병에게 경찰 업무를 담당하게 하고 우리 민족을 통제하도록 했어요. 군복을 입고 총을 들고 다니는 헌병 경찰의 모습은 그 자체만으로도 공포의 대상이었어요. 그런데 사실 헌병이 무서운 진짜 이유는 따로 있었어요. 그것은 바로 그들이 지닌 즉결 처분권 때문이었지요.

즉결 처분권이란 사람들을 잡아다가 법적 절차나 재판 없이 벌금이나 태형 등의 벌을 줄 수 있는 권한을 말해요. 정식 재판을 거치지 않아도 되었기 때문에 헌병 경찰은 눈에 거슬리면 아무나 잡아갈 수 있었어요. 실제로 헌병 경찰에 체포되어 즉결 처분된 건수를 보면 1918년 한 해만 해도 9만 4640건에 달했답니다. 일제 무단 통치의 폭압성을 단적으로 보여 주는 헌병 경찰 제도는 세계 어디에서도 볼 수 없는 비인간적인 제도였어요.

일제는 헌병 경찰 제도뿐 아니라 각종 규칙 등을 만들어 우리 민족을 핍박했어요. 법은 본래 국민들의 권리를 보호하고 지키기 위해 존재하는 것이지만, 이 당시 일제가 만든 법은 하나같이 우리 민족을 감시하고 억압하기 위해 만든 악법들이었답니다.

대표적인 악법으로는 1912년에 발표된 조선 태형령을 꼽을 수 있어요. '태형'은 죄인을 작은 몽둥이로 때리는 형벌로, 너무 비인간적이라는 이유로 1894년 갑오

개혁 때 폐지되었어요. 하지만 일제는 이를 다시 부활시키고 오직 우리 민족에게만 적용했지요. 일제는 '감옥 또는 즉결 관서에서 비밀리에 행하되, 조선인에 한해서만 적용한다'라는 법령 아래 '집행 중에 시행 수형자가 비명을 지를 우려가 있을 때는 물로 적신 천으로 입을 막는다.'라는 시행 규칙까지 두었어요.

> 일정한 주거 또는 생업 없이 이곳저곳 배회하는 자, 단체 가입을 강요하는 자, 여러 사람을 모아 관공서에 청원 또는 진정을 남용하는 자, 불온한 연설을 하거나 또는 불온 문서, 시가를 게시, 반포, 낭독하거나 큰 소리로 읊는 자, 남을 유혹하는 유언비어 또는 허위 보도를 하는 자, 돌 던지기 같은 위험한 놀이를 하거나 시키는 자……
>
> — 경찰법 처벌 규칙(1912)

일제는 태형에 해당하는 경우를 규칙으로 정하고, 이를 어기는 사람은 감옥으로 끌고 가 태형에 처했어요. 규정에 따르면 여기저기로 돌아다녀서도 안 되고, 단체를 만들거나 불온한 연설을 해서도 안 되었으며 돌을 던지며 놀아도 안 되었어요. 이런 행위를 하면 경찰에 체포되어 감옥에 가거나 벌금을 내고, 심한 경우에는 태형을 받아 불구가 될 정도로 맞았답니다. 그런데 이러한 규정들은 기준이 모호해서 어느 누구에게나 쉽게 적용할 수 있었어요. 일제는 이 점을 이용해 일제에 고분고분하게 따르지 않거나 독립을 요구하는 사람들을 마구잡이로 잡아들였지요. 당시에는 일본 경찰의 눈에 거슬리면 죄가 없어도 체포되는 일이 흔했다고 해요. 이로 인해 우리 민족은 늘 불안과 공포에 떨며 살아야 했지요. 오죽하면 우는 아이에게 '순사 온다.'라는 말로 겁을 주면 울음을 뚝 그친다고 했겠어요? 독립운동은커녕 일본 순사와 눈도 마주치지 못하고 겁을 먹는 상황, 이것이 바로 일제가 노리던 바였지요.

일제는 교육 현장에서도 공포 분위기를 조성하도록 했어요. 학생들을 가르치는 교사조차 군인처럼 칼을 차고 제복을 입은 채로 수업을 하도록 했어요. 일제가 이렇게까지 한 것은 우리나라의 학생들이 어릴 때부터 공포 정치를 경험하며 일제의 충성스러운 신하로 자라나길 바랐기 때문이에요. 일제의 이러한 교육 방향은 1912년에 발표된 조선 교육령을 통해 더 정확히 알 수 있어요.

> 교육은 충량한 국민을 육성하는 것을 목표로 한다. 보통 교육은 보통의 지식 기능 부여, 국민된 성격 함양, 국어(일본어) 보급을 목적으로 한다. 실업 교육은 농업, 상업, 공업 등에 관한 지식과 기능을 가르치는 것을 목적으로 한다.
> — 조선교육령(1912)

일제가 추구한 교육 목표는 일본에 충성하고 보탬이 되는 국민을 길러 내는 것이었어요. 그런 이유로 우리 민족에게는 주로 보통 교육과 실업 교육 위주의 교육만 실시했지요. 교육 기간을 제한하는 한편 고등 교육이 이루어지는 대학의 설립도 금지했어요. 최소한의 기능 교육을 시켜 일본어로 기본적인 의사소통이 가능한,

▌일제 강점 시대의 태형 기구
태형은 갑오개혁 때 폐지되었지만 일제가 다시 부활시켰다.

잘 숙달된 심부름꾼을 길러 내기만 하면 됐으니까요. 이러한 이유로 민족 교육을 실시하던 사립 학교는 문을 닫아야 했지요.

거대한 감옥과도 같았던 일제 강점 시대에는 신문이나 책을 자유롭게 만들 수도 없었어요. 단체를 조직하거나 여러 사람이 모여 집회를 여는 것도 허용되지 않았지요. 사실 일제는 강제 병합 조약 체결 이전부터 우리나라 사람들의 입을 막기 위한 작업을 치밀하게 준비했답니다.

> 신문지를 발행하려는 자는 내부대신에게 허가를 받아야 한다. 신문지는 매회 발행에 앞서 먼저 내부와 그 관할 관청에 각 2부를 납부해야 한다. 내부대신은 신문지로써 안녕 질서를 방해하거나 풍속을 어지럽게 하는 경우에 발매 반포를 금지하고 이를 압수하며 발행을 정지 또는 금지할 수 있다.
> — 신문지법(1907)

1907년에 이미 일제는 신문지법을 통해 신문 발행의 허가제, 사전 검열의 제도화, 발행 정지 등의 사항을 규정하고 언론의 자유를 억압했어요. 이 법은 1908년부터 더욱 강화되었고 1952년에 폐지될 때까지 언론을 탄압하는 주요 무기로 이용되었지요. 수많은 신문이 기사를 삭제당하거나 압수당했고, 아예 정간되거나 폐간되는 경우도 비일비재했어요. 이 과정에서 수많은 언론인이 구속되기도 했지요.

뿐만 아니라 일제는 1907년과 1909년에 각각 보안법과 출판법을 제정해 언론은 물론, 출판·집회·결사의 자유까지 탄압했어요. 이에 따라 신문뿐만 아니라 책이나 잡지도 압수당하거나 폐간되었지요. 일제는 각종 정치 단체는 물론, 온갖 학회들까지 해산시켰어요. 심지어 친일 단체인 일진회마저 이용 가치가 없어지자 가차 없이 해산시켜 버렸답니다.

> 대성 학교 등이 강압적인 폐교를 당하고 나머지 학교들도 엄밀한 감시와 통제를 받으며, 각종 교과서도 국가, 민족과 이상에 관계되는 것은 일체 금지하고 교사의 언론과 학생의 행동에 대해서도 정찰·감시하지 않는 날이 없게 되어 이로 말미암아 사기가 떨어지고 학풍이 무너지며 일체의 교육 기관이 쇠퇴해 깨끗이 없어졌다. 신문 14종과 서적 30여 종이 전부 봉쇄 압수되어 불태워졌으며 외국에서 들어오는 것도 금지하고 또한 출판 조례를 만들어 비록 정치와 무관한 것이라 할지라도 자유로운 출판을 허락하지 않았으니, 한국인은 마침내 암흑 지옥 속에 갇혀 있는 것이나 다를 바가 없다.
>
> ─《한국통사》(박은식)

독립운동가이자 역사가였던 박은식은 일제의 탄압에 이처럼 탄식했어요. 헌병 경찰의 감시와 탄압 속에서 인간이라면 누구나 누려야 할 기본적인 권리마저 박탈당한 우리 민족은 나라 잃은 설움을 절절이 느껴야만 했지요.

식민지 수탈 체제의 완성

　19세기 후반 이후 자본주의가 고도로 발전한 세계의 여러 국가들은 값싸고 안정적으로 원료를 공급받는 동시에 자국이 생산한 상품을 내다 팔아 이윤을 낼 수 있는 시장이 필요했어요. 그래서 약한 나라를 침략해 식민지로 삼곤 했지요. 이러한 침략적 경향을 '제국주의'라고 해요. 당시 일본 역시 제국주의 국가를 표방하며 우리나라를 식민지로 만들어 자국의 상품 시장으로 삼으려 했어요. 일제는 우리나라의 산업 전반을 지배하고 수탈하기 위해 다양한 제도적 장치를 마련하고 식민지 수탈 체제를 완성했지요. 그중에서도 가장 많은 공을 들인 것은 토지 조사 사업이에요.

　일제는 우리나라의 국권을 빼앗기 전부터 토지 조사를 준비해 오다가 강제 병합 조약 체결 이후 본격적으로 토지 조사 사업에 착수했어요. 토지 조사 사업이란 토지의 소재지, 소유자의 이름 및 주소, 면적, 등급, 용도 등을 모두 조사해 토지 대장을 작성하는 일을 말해요. 전국의 토지를 대상으로 했기 때문에 그 양이 아주 방대하고 시간이나 비용도 많이 소요되었지요. 토지 대장을 작성하기 위해 기초 조사가 필요했던 일제는 먼저 측량 기사들을 동원해 토지를 측량하고 각 행정 구역의 명칭과 경계를 분명히 했어요. 그래서 1910년대에는 어디에서나 측량 기사의 모습을 쉽게 볼 수 있었답니다.

고종도 광무개혁 당시 '양전 사업'이라는 이름으로 토지 조사 사업을 시도한 적이 있어요. 이처럼 국가가 토지를 조사하는 이유는 백성들에게 조세를 징수해 국가 재정을 확보하기 위해서예요. 이와 같은 맥락에서 보면 일제가 왜 토지 조사 사업에 그토록 공을 들였는지 알 수 있어요. 기초 조사를 마친 뒤 일제는 그 자료를 활용해 전국적인 토지 조사 사업을 벌였답니다.

일제는 토지 조사 사업을 실시하는 이유에 대해 '근대적 토지 소유 제도를 확립해 국민의 재산권을 보호하고 생산량을 늘리기 위해서'라고 밝혔어요. 하지만 이런 그럴듯한 명분 뒤에는 효과적인 수탈을 위한 식민지 경제 체제의 수립이라

▌**토지 측량** 일본군들이 수탈 목적으로 토지를 측량하고 있다.

는 목적이 숨어 있었지요.

토지 조사 사업은 농업이 산업 주축인 우리나라 경제 체제에서 세금을 안정적으로 걷기 위해 필수적으로 거쳐야 할 일이기는 해요. 그러나 일제는 토지의 면적과 소유주를 조사하는 과정에서 공유지나 소유자가 제대로 확인되지 않은 토지를 차지하고 일본인이 우리나라에 정착하는 데 이 조사 내용을 활용하고자 했어요.

일제는 신고주의와 증거주의를 바탕으로 토지 조사 사업을 추진했어요. 신고주의란 땅 주인이 정해진 기한 내에 자기 땅을 신고하는 것을 말해요. 이때 내 땅이라는 증거가 없으면 소유권을 인정해 주지 않았는데 이것이 바로 증거주의랍니다. 일단 신고가 인정되면 근대적인 토지 소유 문서에 기록이 되었지만 안타깝게도 증거가 불확실한 경우가 많았다고 해요. 과거에는 소유권의 개념이 확실하지 않아 문서로 정확히 기록해 두지 않는 경우가 많았거든요. 동네 사람들이 다 내 땅인 것을 알고 인정해 주면 그뿐이지, 땅문서의 존재는 그리 중요하지 않았던 거예요. 그러나 일제는 땅문서가 없으면 소유권을 인정해 주지 않았어요. 더군다나 신고도 정해진 기한 내에만 할 수 있었는데 그 기한이 짧은 데다 지역별로 달라 기한을 놓치는 경우가 많았지요. 신고 절차 또한 복잡하고 어려워, 많이 배우지 못한 농민들은 신고를 해야 한다는 사실을 알면서도 신고하지 못하는 경우가 많았어요. 이로 인해 일제에 땅을 억울하게 빼앗기는 경우가 빈번하게 발생했어요. 주인이 있는 경우도 이러했는데 하물며 주인이 없는 땅은 어땠을까요?

국가나 공공 기관에 속해 있던 땅이나 마을 혹은 집안의 공유지 같은 경우는 상당수가 조선 총독부의 소유로 넘어갔어요. 한 명의 소유주만 인정하는 체제였기 때문에 문중의 토지같이 특정인의 소유로 신고할 수 없는 땅은 어이없이 빼앗기기도 했지요. 1918년에 토지 조사 사업이 끝났을 때, 이런저런 이유로 조선 총독부 소유로 넘어간 토지가 우리나라 전체 경작지의 10퍼센트에 달했다고 해요.

문제는 이뿐만이 아니었어요. 일제가 지주의 소유권만 인정하고 소작인의 경작권을 부정하면서 많은 문제가 발생했어요. 우리나라

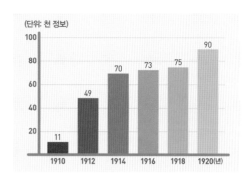

(단위: 천 정보)

┃동양 척식 주식회사 소유지 증가표 토지 조사 사업을 거치며 동양 척식 주식회사의 토지 소유량은 크게 증가했다. 1정보는 3000평에 해당한다.

는 관습적으로 소유권이 없더라도 국가나 지주에게 소작료를 내면 대대로 자기 땅처럼 안정적으로 농사를 지을 수 있었어요. 국가 차원에서도 이러한 농민들의 경작권을 보호해 주었지요. 하지만 일제가 토지에 대한 소유권만 인정하면서 지주들의 권리는 강해진 반면 소작인은 말 그대로 언제 경작권을 빼앗길지 모르는 계약직 소작인이 되어 버렸어요. 그러자 지주들의 횡포는 더욱 심해졌고, 농민들의 소작료 부담은 계속 늘었지요. 날이 갈수록 살기 어려워지자 농민들은 눈물을 머금고 고향 땅을 떠나 만주나 연해주 등으로 쫓기듯 이주했어요. 반면에 일제 덕에 큰 이득을 본 지주들은 일제의 의도대로 점차 친일파로 변해 갔어요.

조선 총독부는 이렇게 약탈한 토지를 동양 척식 주식회사나 일본인들에게 헐값에 넘겼어요. 동양 척식 주식회사는 1908년에 일제가 우리나라의 경제를 독점하고 착취하기 위해 설립한 *국책 회사로, 일본인의 이민 사업을 적극적으로 추진하며 일본인들에게 우리 땅을 넘기거나, 우리 농민들에게 거액의 소작료를 받

국책 회사 국가 경제의 균형 잡힌 발전과 국가 정책의 올바른 수행을 위해 설립한 특수 회사

┃동양 척식 주식회사 일제가 한국의 경제를 독점·착취하기 위해 1908년에 설립한 국책 회사로, 주로 토지를 강점, 강매해 높은 비율의 소작료를 징수하고 많은 양곡을 일본으로 반출했다.

고 소작을 맡겼어요. 우리 농민들에게는 분노의 대상이었지요. 이러한 이유로 인해 토지 조사 사업 이후 일본인이 우리 땅을 차지하는 비율은 계속 늘었어요. 땅을 빼앗긴 우리나라 사람들은 해외로 쫓겨 가는 신세가 되었지요.

토지 조사 사업으로 우리 농민들의 땅을 빼앗은 일제는 *조선 어업령을 발표해 우리의 황금 어장마저 독점했어요. 그러고는 산림령, 임야 조사 사업 등을 통해 산림도 빼앗아 갔지요. 산림의 경우에는 국가의 소유가 많아 전체 산림의

조선 어업령 일제는 1930년부터 어업권 제도와 어업허가제도를 축으로 어업을 통제함으로써 일본 어업자본이 쉽게 침투하게 하고 한국 어민의 수탈을 강화했다.

절반 이상이 조선 총독부와 일본인에게 넘어갔어요. 이전에는 자유롭게 구하던 땔감도 더 이상 마음대로 구할 수 없게 되었지요. 큰 수익을 내던 광산은 일본 재벌이 독점하는 경우가 많아 1920년에는 전체 광산의 80퍼센트가 일본인에게 넘어갔어요. 이때 광산을 소유한 한국인은 1퍼센트도 채 되지 않았다고 해요. 일제는 우리의 토지, 어장, 산림, 광물 등 약탈할 수 있는 것은 모두 약탈하며 1910년대 내내 우리나라를 일제의 원료 공급지로 삼았어요. 다른 제국주의 국가들이 식민지에 착취와 투자를 동시에 시행했던 것과 달리, 일제는 오로지 우리나라를 수탈하기만 했지요. 그것도 모자라 우리나라의 민족 자본이 성장하지 못하도록 회사령을 제정해 공포하기까지 했답니다.

> 회사를 설립할 때는 조선 총독의 허가를 받아야 한다. 회사가 허가 조건을 위반하거나 공공질서에 위배되는 행위를 할 때는 회사의 해산을 명할 수 있다.
>
> – 회사령(1910)

회사령을 통해 일제는 총독의 허가가 있어야만 회사를 설립할 수 있도록 하고, 설립한 이후에라도 마음에 들지 않으면 언제든 쉽게 해산시킬 수 있도록 했어요. 이로 인해 우리 자본가들은 일제에 순응하는 회사를 만들거나 일본인이 만든 회사에 자본을 투자할 수밖에 없었지요. 이처럼 일제는 경제적으로 완전히 우리 민족을 종속시켜 우리 스스로 힘을 키워 성장할 수 없도록 만들었어요.

대한 독립 만세의 함성

　1910년대에는 서슬이 퍼런 헌병 경찰들 때문에 드러내 놓고 독립운동을 할 수가 없었어요. 그래서 이 시기의 항일 투사들은 비밀 결사 단체를 만들어 독립운동을 전개했지요. 하지만 일제가 워낙 다양한 악법을 동원해 독립운동가들을 잡아들이는 바람에 민족의 독립을 외치는 일은 쉽지 않았답니다.

　한편 1917년에 러시아 혁명이 발생하고 그 이듬해에 독일의 항복으로 제1차 세계 대전이 종결되면서 국제 사회에 변동이 일어났어요.

■ 러시아 혁명의 지도자, 레닌
(1870~1924)

우리는 자본주의와 자본주의의 욕심으로 생긴 제국주의를 반대한다. 그리고 옛 러시아가 빼앗은 식민지 국가들을 독립시키겠다.

모든 민족은 다른 민족이나 국가의 간섭을 받지 않고 자신의 정치적 운명을 스스로 결정할 권리가 있다.

▎미국 대통령, 윌슨
(1856~1924)

  제국주의 국가의 식민지 수탈로 신음하던 약소국들에게 평화와 독립에 대한 희망이 보이기 시작했어요. 특히 일제의 혹독한 무단 통치를 10년 가까이 견디며 독립에 대한 의지를 불태우던 우리 민족은 크게 고무되었지요. 결과적으로 국제 사회의 변화가 우리나라에 직접적으로 도움이 되지는 않았지만 우리 민족의 독립운동에 활기를 불어넣기는 했답니다.

  먼저 만주에서 활동하던 독립운동가들이 '대한 민주의 독립을 선포하며 육탄 혈전으로 독립을 완성할 것'이라는 내용의 대한 독립 선언서를 발표하고 독립 만세 시위를 전개했어요. 뒤이어 1919년 2월 8일에는 일본에서 유학 중이던 한국인들이 '일본이나 세계 각국이 우리에게 민족 자결의 기회를 부여하기를 요구하며, 그렇지 않을 경우 우리 민족은 자유의 행동을 취해 독립을 달성하겠노라.'라고 선언했지요. 반일 감정이 날로 커지며 독립에 대한 열의가 뜨거워지던 차에 해외 동포들의 독립운동 소식이 전해지자 국내에서도 종교계와 학생들이 중심이 되어 대규모 만세 시위를 준비했어요.

  하지만 집회의 자유가 없는 상황에서 헌병 경찰들의 감시를 피해 만세 시위를 벌이는 것은 쉬운 일이 아니었어요. 시위를 벌이자마자 붙잡혀 허무하게 끝날 수도 있었지요. 이왕이면 자연스럽게 많은 사람들이 모일 기회가 필요했어요. 그러던 차에 들려온 고종의 장례식 소식은 하늘이 준 기회와 같았어요.

일제에 의해 강제로 퇴위당하고 나라까지 빼앗긴 고종은 1919년에 한 많은 생을 마감했어요. 고종이 갑작스럽게 세상을 떠나면서 일각에서는 일제가 고종을 독살한 것이 아니냐는 소문이 퍼지기도 했지요. 이 일로 일제에 대한 우리 민족의 반감은 더욱 커졌어요. 슬픔에 빠진 사람들은 고종의 마지막 모습을 지켜보기 위해 전국 각지에서 모여들었어요. 독립운동가들이 보기에 거사를 도모하기에 이보다 더 좋은 기회는 없었지요. 거사일은 1919년 3월 1일이었고, 이날 시작된 거족적인 독립 만세 시위를 3·1 운동이라고 불러요.

사람들은 탑골 공원에서 벌어질 시위 소식을 비밀리에 전했어요. 그리고 1919년 3월 1일 정오가 다가오자 삼삼오오 약속 장소로 모여들기 시작했지요. 그런데 시간이 다 되도록 독립 선언식은 시작되지 않았어요. 너무 많은 사람들이 모여 혼란스러워질 것을 우려한 민족 대표들이 탑골 공원이 아닌 태화관에 모여 자기들끼리 독립 선언식을 가졌기 때문이에요. 기다려도 오지 않는 민족 대표 33인을 대신해 한 학생이 큰 소리로 독립 선언서를 낭독했어요.

> 우리는 이에 우리 조선이 독립국임과 조선인이 자주민임을 선언하노라. 이로써 세계만방에 고해 인류 평등의 대의를 극명하며, 이로써 자손만대에 고해 민족자존의 정권을 영유케 하노라.
>
> — 〈기미독립 선언서〉

낭독이 끝나자 사람들은 기다렸다는 듯이 "대한 독립 만세! 대한 독립 만세!" 하고 소리 높여 외쳤어요. 당황한 일본 경찰들이 시위대를 해산하려 했지만 소용이 없었지요. 일제에 나라를 빼앗기고 무자비한 탄압 아래 끔찍한 시절을 보

▌**서울 시내에서의 만세 시위** 시민들이 평화적으로 독립 만세를 외치고 있다.

내던 우리 민족의 설움과 울분이 독립에 대한 열망과 함께 한꺼번에 터져 나왔
기 때문이에요.

> 터졌구나 터졌구나 조선 독립의 소리,
> 10년을 참고 참아 인제 터졌네.
> 삼천리금수강산 2천만 민족
> 살았구나 살았구나.
> 아 한목소리로,
> 만세 만세 독립인 만만세 조선 만만세.
>
> — 3·1 운동 때 불렀던 '운동가'

독립가를 부르며 태극기를 흔드는 시위대의 행렬은 날이 저물도록 계속되었어요. 퇴근하던 일본인이 시위대에 휩쓸려 어쩔 수 없이 독립 만세를 함께 외쳤다는 일화가 전해질 정도로 시위대의 기세는 엄청났지요. 일제는 무력을 동원해 시위대를 진압하려 했지만 시위는 오히려 더욱 확산되었어요. 3월 1일에 시작된 이 시위는 전국으로 확산되어 한 달 넘게 계속되었어요. 그리고 5월이 되어서야 잦아들기 시작했지요. 그 기간 동안 전국적으로 1500여 회의 집회가 열리고 200만 명 이상의 사람들이 시위에 참여했을 정도로 3·1 운동의 규모는 실로 엄청났어요. 지식인이나 학생뿐 아니라 농민, 노동자, 상인 등 다양한 계층의 사람들이 이념과 이해관계를 떠나 한목소리를 낸 거국적인 독립운동이었지요. 독립운동을 벌이다가 나라를 위해 목숨을 바친 유관순 열사도 3·1 운동에 참가해 크게 활약했던 사람 중 한 명이었어요.

이화 학당에 다니던 유관순은 3·1 운동이 일어나자 고향인 천안으로 내려가 만세 시위를 주도했어요. 그러다 *소요죄와 보안법 위반으로 경찰에 붙잡혀 감옥에 갇힌 뒤 모진 고문을 당하다가 결국 순국했지요. 당시 유관순의 나이는 겨우 18세에 불과했답니다. 유관순 외에도, 친구들과 독립 만세 시위를 벌이다 기물 훼손죄로 잡혀 들어간 청년, 동네 사람들과 함께 독

▌유관순(1902~1920)

립 만세를 외치다가 보안법 위반으로 붙잡힌 식당 주인 등 하나하나 이름을 언급하기 힘들 정도로 많은 사람들이 일제에 맞서 용감하게 독립을 외쳤어요.

소요죄 여러 사람이 모여 폭행이나 협박 또는 파괴 행위를 함으로써 성립하는 범죄

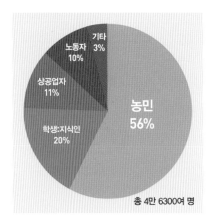

3·1 운동으로 체포된 사람들의 직업 구성 3·1 운동은 계층이나 신분을 떠나 전 민족이 하나가 되어 참여한 운동이었다.

일제는 총칼을 앞세워 잔인하고 폭력적인 방법으로 시위대를 진압했어요. 많은 독립운동가들이 감옥에 끌려가 인간으로서 차마 견딜 수 없는 모진 고문을 당했지요. 3·1 운동으로 7500여 명이 죽고, 1만 5000여 명이 다친 데다 무려 4만 6300여 명이 감옥에 갇혀 만세를 외친 대가를 혹독하게 치러야만 했어요.

3·1 운동의 열기가 쉽사리 가라앉지 않자 일제는 무차별적인 학살과 방화도 서슴지 않았어요. 일제 강점기 때 발생한 끔찍한 학살 사건 중 하나인 제암리 학살 사건도 바로 3·1 운동의 진압 과정에서 벌어진 일이랍니다.

경기도 화성시에 위치한 제암리 마을에도 여느 지역과 마찬가지로 3·1 운동 소식이 전해졌어요. 이에 제암리 주민들은 인근의 여러 마을 주민들이 모이는 장날에 독립 만세 시위를 벌이기로 하고 이를 준비했지요. 3월 31일, 1000여 명의 사람들이 모여 대한 독립 만세를 외치기 시작했어요. 그리고 이후 밤마다 봉화를 이용해 만세 시위를 이어 갔지요.

당시 일제는 시위를 진압하기 위해 눈에 불을 켜고 있었어요. 전국적으로 시위 주모자들을 색출해 검거하고 시위가 일어난 마을에 불을 지르기도 했지요. 그런데 유독 제암리 시위의 주모자를 체포하는 데 계속 어려움을 겪자, 일제는 아예 제암리 마을 전체를 진압하기로 결심했어요. 일제는 군인들을 이끌고 제암리로 가 15세 이상의 남자들을 모두 제암리 교회로 모이게 했어요. 오지 않은 사람은 직접 불러올 정도로 치밀하게 행동했지요. 대부분의 마을 주민이 교회에 모이자 일제는 문을 잠그고 창문을 통해 무차별적인 사격을 퍼부었어요. 사격을 멈추는가 싶더니, 이내 짚 더미를 던지고 석유를 끼얹어 불을 질렀지요. 교회는 물론 근처에 있는 집들까지 순식간에 화염에 휩싸였어요. 군인들은 마을을 돌아다니며 곳곳에 불을 지르고 탈출하는 주민들을 사살했어요. 불이 난 것을 보고 이웃 마을에서 달려온 아낙네들까지 총칼을 휘둘러 목숨을 빼앗았지요. 마을 전체를 불태우고 주민들을 한꺼번에 죽인 이 끔찍한 사건이 바로 제암리 학살 사건이에요. 세브란스 의학 전문학교 교수로 우리나라에 온 스코필드 박사에 의해 국제 사회에 알려진 이 사건은 일제의 만행을 잘 보여 주고 있어요.

이처럼 잔인한 진압에도 불구하고 한 달이 넘도록 3·1 운동이 계속된 것을 보면 일제에 대한 우리 민족의 분노와 독립 의지가 얼마나 강했는지 알 수 있어요. 이는 만주, 연해주, 중국, 일본, 미국 등 우리 동포들이 있는 곳이라면 어느 곳이든 예외가 없었지요. 우리 민족은 세계 각지에서 독립 만세 시위를 벌이며

▌**제암리 학살 사건** 일제는 제암리 마을에서 일어난 독립 만세 시위의 진압이 어려워지자 제암리 교회에 남자들을 불러 모아 두고 사격한 후 방화를 저질렀고, 이후 마을 전체를 불태우고 주민들을 한꺼번에 죽였다.

어느 곳에 있건, 우리가 원하는 것은 오직 대한 독립뿐이라는 것을 전 세계에 보여 주었어요.

하지만 일제의 강경한 진압으로 3·1 운동의 기세는 점차 수그러들었어요. 게다가 미국의 윌슨 대통령이 주창한 민족 자결주의의 원칙은 제1차 세계 대전의 전승국이 지배하는 식민지에는 적용되지 않았지요. 일본 역시 전승국이었기 때문에 우리나라는 국제적인 지원도 기대할 수 없는 상황이었어요.

그렇지만 3·1 운동이 아무런 성과가 없었던 것은 아니에요. 비록 독립을 이루지는 못했지만 3·1 운동을 통해 우리 민족은 전 세계에 우리 민족의 독립 의지와 저력을 보여 주었지요. 게다가 이후 더욱 성숙하고 다양한 독립운동이 전개될 수 있는 기반이 마련되었답니다. 3·1 운동 과정에서 보다 조직적이고 체계적으로 독립운동을 이끌 지도부의 필요성이 제기되면서 대한민국 임시 정부가 수립되었거든요.

한편 3·1 운동으로 일제는 큰 충격을 받았어요. 겨우 진압에 성공하기는 했지만 언제 또다시 이와 같은 대규모 항일 운동이 일어날지 알 수 없을 뿐더러 국제 사회의 여론도 악화되었거든요. 더 이상 무단 통치만으로 우리 민족을 지배하기 어렵겠다고 판단한 일제는 우리 민족에 대한 통치 방식을 바꾸기로 결심했어요. 그리고 여전히 문제점은 많았지만 형식적으로라도 언론과 출판의 자유를 일부 허용하기 시작했지요.

조선인들은 독립이 아니면 죽음을 달라고 일어섰다고 한다. 일본이 산둥 반도를 빼앗으려 하니 우리 중국인들도 모두 일어서자.

– 중국 5·4 운동 당시의 격문 (1919)

3·1 운동은 중국, 인도 등 제국주의 국가의 수탈에 신음하던 다른 식민지 국가의 독립운동가들에게도 영향을 미쳤어요. 인도의 독립운동가인 네루는 감옥에서 쓴 《세계사편력》에서 3·1 운동을 격찬했고, 중국 베이징 대학의 학생들은 3·1 운동 소식을 전하며 분연히 일어나 중국의 5·4 운동을 이끌었지요.

임시 정부의
등장과 활약

　독립운동의 분수령이 된 3·1 운동에 참여하면서 수많은 이들이 희생을 치렀지만 우리 민족은 독립을 이루는 데 실패했어요. 실패의 가장 큰 요인은 독립에 대한 의지는 넘쳤지만 그 의지를 하나로 모으고 이끌 구심점이 없었다는 거예요. 전국 각지에서 산발적으로 독립운동을 벌이다 보니 아무래도 제힘을 발휘하지 못했던 거죠. 우리 민족은 독립운동을 체계적이고 효율적으로 이끌어 갈 중심 기관, 즉 정부의 필요성을 실감했어요. 이러한 이유로 3·1 운동을 전후해 각지에서 여러 개의 임시 정부가 수립되었지요. '정부'가 아니라 '임시 정부'라고 부르는 것은 독립되기 전까지 정부의 역할을 임시로 수행했기 때문이에요. 그런데 임시 정부가 여러 개 등장하면서 문제가 생겼어요. 구심점이 필요해 만든 임시 정부가 여럿이 됨으로써 본래의 의미를 잃고 제대로 된 구심점 역할을 수행하기 어려워질 것이 뻔했거든요. 자연스럽게 임시 정부의 통합에 대한 논의가 일어났어요.

　그 당시 여러 개의 임시 정부 중 연해주 블라디보스토크의 대한 국민 의회와 중국 상하이의 임시 정부, 서울의 한성 정부 이렇게 세 곳이 대표적이었어요.

민족 지도자들은 국내에 있는 한성 정부가 일제의 감시와 탄압을 받을 것이라고 예상하고, 연해주와 상하이 중 어느 곳을 임시 정부로 삼을 것인지를 놓고 팽팽하게 대립했어요. 연해주를 주장하는 측은 일제로부터 독립하기 위해서는 무장 투쟁을 통한 독립 전쟁을 전개해야 하니 국경선과 가깝고 우리 동포들이 많이 거주하고 있는 연해주가 적합하다고 주장했어요. 반면에 상하이를 주장하는 측은 상하이는 교통이 편리하고 영국, 프랑스, 독일, 미국 등 강대국들의 [•]조계가 있어 외교 활동을 펼치기에 유리한 곳이니 외교를 통해 국제 사회의 지원을 이끌어 내 독립을 앞당기자고 주장했지요.

무장 투쟁에 유리한 연해주와 외교 활동에 유리한 상하이를 놓고 수많은 논의를 거친 끝에 마침내 상하이에 한성 정부의 법통을 계승한 대한민국 임시 정부가 수립되었어요. 이로써 우리 역사상 최초의 민주 공화제 정부인 대한민국 임시 정부가 출범했지요. 대한민국 임시 정부는 삼권 분립과 민주 공화제를 기본으로 헌법을 제정하고, 초대 대통령에 이승만 그리고 국무총리에 이동휘를 선출했어요. 미국에서 활동하며 외교를 통해 독립을 달성해야 한다고 주장하던 이승만과 무장 투쟁을 통해서만 독립을 달성할 수 있다고 주장하던 이동휘가 어떻게 하나로 뭉칠 수 있었을까요? 그것은 우리 민족의 간절한 염원인 '독립'이라는 공동 목표가 있었기에 가능한 일이었지요.

민족의 성원을 등에 업고 출범한 대한민국 임시 정부는 먼저 국내외 곳곳에서 전개되던 독립운동을 하나로 묶어 체계적이고 조직적으로 추진하려 했어요. 멀리 떨어져 있는 국내의 독립운동가들과 연락하기 위해 연통제를 실시하고 교통국을 두었지요.

조계 19세기 후반에 영국, 미국, 일본 등 8개국이 중국을 침략하는 근거지로 삼았던, 개항 도시의 외국인 거주지 비밀 행정 조직망인 연통제는 일종의 지방 행정 조직망으로, 본부와 지방을 연결하는 일을 했어요. 일제의 빈틈없는 감시와 탄압으로 전국적인 조직망을 갖추기는 힘들었지만 서울에 총판, 각 도에 독판, 각 군에 군감, 각 면에 면감을 두고 나름의 지방 조직을 갖춰 정부의 명령 전달과 독립 자금 조달 그리고 연락 사무를 처리했지요.

비밀 정보 조직인 교통국은 중국 단둥과 부산에 각각 이륭양행과 백산상회라는 거점을 만들고 정보 수집, 비밀 교신, 독립 자금 조달 등의 일을 수행했어요. 이륭양행과 백산상회는 겉으로는 물건을 파는 상점처럼 보였지만 실제로는 임시 정부의 활동 거점이었지요. 영국인 사업가인 조지 쇼우는 자신이 대표로 있던 이륭양행 2층에 교통국의 연락 사무소를 설치하도록 돕고, 이륭양행 선박을 이용해 독립운동에 필요한 무기나 군자금을 전달할 수 있게 해 주었어요. 또한 독립운동가들이 해외로 빠져나가거나 중국으로 들어올 때도 국내와 임시 정부의 중요한 연락 창구 역할을 했지요.

임시 정부는 워싱턴에 구미 위원부와 파리에 파리 위원부를 만들어 외교 활동에 힘을 쏟았어요. 독립운동을 선전하기 위해 각종 책자와 *〈독립신문〉을 만들어 국내외의 동포에게 배포했지요. 그 밖에도 독립 공채를 발행해 해외 각지에서 독립 자금을 모금했어요.

그러던 중 1920년대 초에 상하이 임시 정부에 큰 위기가 닥쳤어요. 조지 쇼우가 내란죄로 일제에 체포되면서 교통국이 제 역할을 하지 못하게 되었거든요. 게다가 1921년에는 연통제마저 일제에 발각돼 그 조직이 깨지고 말았지요. 그런데다 임시 정부가 사활을 걸었던 외교 활동에서도 뚜렷한 성과가 보이지 않자

〈독립신문〉 1896년 서재필이 창간한 〈독립신문〉과는 다른, 임시정부가 1919년에 창간한 기관지

사람들은 임시 정부의 역할에 대해 의구심을 품기 시작했어요.

한편 임시 정부의 초대 대통령이던 이승만은 다른 사람들과 협의도 하지 않고 국제 연맹에 우리나라를 맡아 달라는 청원을 했어요. 이승만은 현실적으로 우리의 힘으로 독립을 이루는 것은 불가능하니 국제 연맹에 우리나라를 맡기고 후에 힘이 생겼을 때 독립을 하자고 주장했어요. 이 소식에 독립운동가들은 강하게 반발했어요. 임시 정부의 가장 중요한 목표는 우리나라의 '절대 독립'이었어요. 여기에는 어떠한 제한이나 조건도 개입될 수 없었지요. 실제로 임시 정부는 일제 강점기 내내 일제와 그 어떠한 흥정도 하지 않았답니다.

결국 임시 정부의 진로 문제를 놓고 국민 대표 회의가 소집되었어요. 기존의 임시 정부 대신 새로운 임시 정부를 수립하자는 의견에서부터 개혁을 통해 문제점을 개선하자는 의견 등 여러 가지 의견이 난무했지만 결국은 합의점을 찾지 못한 채 회의는 결렬되고 말았지요. 이 과정에서 많은 독립운동가들이 임시 정부를 떠났어요. 1925년에 이승만이 탄핵으로 물러난 후 임시 정부는 몇 번의 개헌을 거쳐 체제를 정비했지만 출범 초기에 비해 세력이 크게 약화되었어요. 그리고 이후 김구를 중심으로 겨우 명맥을 이어갔지요.

▌**대한민국 임시 정부의 요인들** 1921년 대한민국 임시 정부 임시의정원 기념사진으로 앞줄 왼쪽에서 세 번째가 김구, 둘째 줄 왼쪽에서 여섯 번째가 이동휘, 일곱 번째가 이승만, 열한 번째가 안창호이다.

제국주의와
제1차 세계 대전

제국주의 풍자화 상인은 럼주를 식민지 사람에게 흘려 넣고, 군인은 식민지 사람을 쥐어 짜 돈을 만들어 내고 있으며 성직자는 이를 방관한 채 성경책만 보고 있다.

유럽은 19세기 후반에 산업 혁명을 거치면서 자본주의가 발전했어요. 남아도는 자본을 투자할 식민지가 필요해진 유럽 열강들은 아시아, 아프리카 등을 침략해 식민지로 삼았지요. 이들은 원주민들의 값싼 노동력과 식민지의 원료를 이용해 상품을 만들어 전 세계에 판매했어요. 원료비와 인건비가 저렴하다 보니 상품의 가격 역시 저렴해 가격 경쟁력이 상승했고 제국주의 국가들은 많은 이익을 얻을 수 있었지요.

독일은 여러 개의 국가로 분열되어 있다가 19세기에 겨우 통일을 이룬 탓에 뒤늦게 식민지 쟁탈전에 뛰어들었어요. 그때는 이미 영국과 프랑스 등이 많은 식민지를 차지한 상태였기 때문에 식민지를 갖기 위해서는 전쟁을 통해 다른 나라의 식민지를 빼앗는 수밖에 없었지요. 독일은 비슷한 처지에 있던 이탈리아, 오스트리아-헝가리 제국과 동맹을 맺고 전쟁을 위한 결속을 다졌어요. 이에 독일의

3국 동맹을 견제하기 위해 영국과 프랑스, 러시아가 3국 협상을 맺었지요.

1914년 6월에 오스트리아-헝가리의 황태자가 세르비아의 한 청년에게 암살당하면서 제1차 세계 대전이 발발했어요. 영국, 프랑스, 러시아 등의 연합군과 독일, 이탈리아 오스트리아-헝가리 등 동맹국 사이에 치열한 전쟁이 벌어졌지요.

영·일 동맹을 근거로 해서 연합군 측으로 전쟁에 개입한 일제는 참전 직후부터 중국에서 세력을 확장하기 위해 노력했어요. 독일의 *조차지였던 산둥 성 칭다오 시를 점령하고 중국 정부에 21개조 요구를 강요하는 등 산둥에서의 독일 이권을 접수했어요. 이로 인해 중국에서는 반일 감정이 격화되어 5·4운동이 일어나게 되는 분위기가 만들어졌지요.

유럽 대륙이 전쟁에 휩싸여 있을 때 일제는 자국의 경제 불황과 재정 위기를 해결하는 데 전쟁을 이용했어요. 전쟁으로 인해 유럽 상품의 유통이 어려워지자 일본 상품이 그 자리를 대신하며 많은 이익을 챙긴 것이지요. 게다가 세계적으로 선박이 부족해지면서 일제의 해운업과 조선업이 호황을 누리게 되었어요. 철강업, 화학 공업, 전력 사업 등의 중화학 공업 역시 발전했지요. 이는 1920년대에 일제가 우리나라에 대한 경제 정책을 달리하게 되는 주요한 요인이 되었지요. 일본인 회사의 한국 진출을 쉽게 하기 위해 회사령을 폐지하였고, 일본인의 인구 증가와 빠른 공업화로 인해 발생한 식량 부족 문제를 해결하기 위해 우리나라에서 산미 증식 계획을 추진하게 되었지요.

전쟁이 연합국의 승리로 끝나면서 일제는 승전국 자격으로 파리 강화 회의에 참석해 국제적인 영향력을 키웠어요.

조차지 특별한 합의에 따라 어떤 나라가 다른 나라에게 일시적으로 빌려 준 일부분의 영토

2장

민족 분열 정책과 국내외의 민족 운동

3·1 운동을 계기로 일제는 무력만으로 우리 민족을 효과적으로 지배할 수 없다는 사실을 깨닫고, 우리 민족을 분열시키는 것으로 통치 방법을 바꾸었어요. 그 결과 친일파가 양산되고 민족 운동가들 사이에서 갈등이 발생했지요.

문화 통치의 본질인 민족 분열 정책과 1920년대에 국내외에서 전개된 다양한 독립운동에 대해 알아보도록 해요.

문화 통치의 허울을
쓴 민족 분열 정책

사이토 마코토 총독(1858~1936) 총리(1932~34)와 두 차례에 걸쳐 조선총독(1919~27, 1929~31)을 역임했다.

1919년에 제3대 조선 총독으로 부임한 사이토 마코토는 취임사에서 다음과 같이 말했어요.

조선인의 행복, 이익 증진을 도모하고 장차 문화의 발달과 민력의 충실을 기해, 정치상·사회상의 대우에 있어서도 일본인과 똑같은 취급을 해야 한다는 것이 문화통치의 궁극적인 목적이며 이것이 달성되기를 간절히 바란다.

이처럼 일제는 '문화 통치'를 내세우며 우리 민족의 문화와 관습을 존중하겠다고 선전했어요. 3·1 운동에 대한 무력 탄압으로 일본에 대한 국제 여론이 나빠진 데다가 더 이상은 무단 통치 방식이 통하지 않으리라 판단했기 때문이지요. 일제는 문화 통치라는 이름에 걸맞게 달콤해 보이는 정책들을 내놓았어요. 먼저 무관 출신만 할 수 있었던 조선 총독직을 '문무 어느 쪽이라도 할 수 있다.'라고 고쳐 문관도 임명될 수 있게 했어요. 그리고 가장 말이 많던 헌병 경찰 제도를 보통 경찰 제도로 전환했지요. 일반 관리와 교사들이 착용했던 제복과 대검도 폐지하기로 했고요. 무단 통치 기간 동안 조성해 오던 공포 분위기를 조금이나마 누그러뜨리려는 의도였어요. 또 그동안 금지되어 있던 언론·출판·집회·결사의 자유도 부분적으로 허용해 우리나라 사람도 직접 신문을 발간할 수 있도록 했어요. 그 결과 〈조선일보〉와 〈동아일보〉가 창간되었답니다.

일제는 교육의 기회를 확대하겠다고 약속하며 조선의 학제를 일본의 것과 똑같이 만들고 조선어 과목을 필수 과목으로 지정했어요. 그리고 일부 지역에 한해서는 어느 정도 자치도 허용해 주었지요. 이러한 변화는 제1차 세계 대전 이후 전 세계적으로 확산되던 민주주의의 열풍이 일제를 거쳐 우리나라에까지 불었나 싶을 정도로 눈에 띄었어요. 이에 일제가 선전하는 문화 통치에 현혹되는 사람들이 생겨나기 시작했어요. 그들은 일제를 몰아낼 수 없다면 차라리 일제에 편입되어 우리의 권리를 찾는 것이 현실적으로 더 이득이라고 생각했어요. 싸워 봐야 일제의 심기만 건드릴 뿐이니 식민 지배를 인정하고, 대신 자치 등 일제로부터 얻을 수 있는 것들을 최대한 얻자고 주장했지요.

일제는 바로 이러한 상황을 노렸어요. 우리 민족 스스로 독립을 포기하고 식민 지배를 받아들이도록 만들고자 했던 거예요. 그래서 독립을 주장하는 사람들과 독립을 포기한 사람들이 서로 대립하도록 유도해 우리 민족을 분열시키려는 계획을 세운 거예요. 3·1 운동을 통해 우리 민족이 단결하면 얼마나 막강한 힘을 발휘하는지 똑똑히 목격한 일제는 어떻게든 우리 민족을 분열시키기 위해 기를 썼어요. 이처럼 문화 통치라는 사탕발림은 우리 민족을 기만하고 속이기 위한 교묘한 술책에 불과했답니다. 우리 민족의 행복과 이익 증진을 도모하겠다던 사이토가 취임 1년 후 발표한 '조선 민족 운동에 대한 대책'을 살펴보면 그들의 본심을 더욱 확실하게 알 수 있어요.

> 친일파를 귀족, 양반, 유생, 부호, 교육가, 종교가들 사이에 침투시켜 각종 친일 단체를 조직하게 한다. 친일적 민간 유지들에게 편의와 원조를 제공하고 수재 교육의 이름 아래 우수한 조선 청년들을 친일 분자로 양성한다.
> — 조선 민족 운동에 대한 대책

일제는 문관 출신도 조선 총독에 임명될 수 있도록 했지만 1945년에 광복이 되는 순간까지 문관 출신의 조선 총독은 단 한 명도 없었어요. 분위기만 조성하고 실제로는 임명하지 않음으로써 우리 민족에게 변화에 대한 헛된 기대감만 잔뜩 심어 준 거예요. 또한 즉결 처분권을 행사하며 사람들을 공포에 떨게 했던 헌병 경찰은 사라졌지만 경찰서와 경찰의 숫자는 오히려 크게 늘었어요. 이러한 방법으로 경찰력을 늘린 일제는 독립운동에 대한 감시와 탄압을 더욱 강화했답니다.

일제는 또한 한글 신문의 간행을 허용하는 척하면서 실상은 검열 제도를 강화해, 식민 통치를 비판하는 등의 마음에 들지 않는 내용의 기사는 모두 삭제했어요. 검열로 인해 절반 가까이 빈 채로

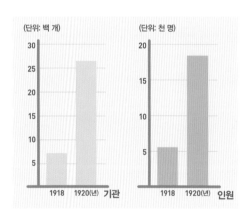

┃ 경찰 기관(좌)과 경찰 인원(우) 문화 통치 시기에 오히려 경찰 기관과 경찰 인원이 크게 증가했음을 알 수 있다.

신문이 발간되거나 아예 정간이 되어
일정 기간 동안 신문을 발행하지 못하
는 경우가 허다했지요. 심한 경우에는
아예 폐간되기도 했어요. 이는 명백히
언론의 자유를 침해하는 행위였어요.
상황이 이렇다 보니 신문에는 점차 일
제의 입맛에 맞는 기사만 실리게 되었
고, 나중에는 친일 신문으로 변질되는
경우도 생겨났지요.

┃ **기사가 삭제된 〈동아일보〉** 일제의 기사 검열로 인
해 지면 일부가 비어 있다.

교육 분야에서도 학교 수는 늘었지만 여전히 한국인의 취학률은 낮았어요.
대학 교육이나 전문 교육을 받을 수 있는 기회 역시 하늘의 별 따기였고요.

결과적으로 겉만 번지르르했던 문화 통치는 오히려 감시와 탄압을 강화시키고
친일파를 양산해 우리 민족을 분열시켰어요. 안타깝게도 일제가 의도한 고도의
술책이 효과를 거둔 거예요. 그 결과 1920년대에는 친일파가 늘고 우리 민족 간
의 대립과 분열이 빈번하게 발생했답니다.

산미 증식 계획과
회사령 폐지

제1차 세계 대전을 계기로 일본에서는 공업화가 빠르게 진행되었어요. 연합국으로 전쟁에 참전해 유럽 지역에 공업 제품을 많이 수출한 데다 전쟁에서 연합국이 승리하면서 받은 배상금을 공업 분야에 투자했거든요. 이로 인해 일본에서는 공장의 수가 크게 늘고 공장에 취직하기 위해 수많은 인파가 도시로 몰려들었어요. 도시의 인구는 계속 늘어났고 이와 반대로 농촌의 인구는 크게 줄었지요. 농사짓는 사람의 수가 줄어들면서 쌀 생산량도 줄어들었어요. 생산량은 줄어드는데 소비하는 사람은 많다 보니 쌀값이 오르기 시작했지요. 시장 경제의 원리로 볼 때 이는 지극히 당연한 일이었지만 경제를 성장시키고 싶었던 일제의 입장에서는 쌀값이 폭등하는 것을 어떻게든 막아야 했어요.

일제는 자국 내의 쌀 부족 현상을 해결하기 위해 우리나라를 이용하기로 했어요. 이를 위해 산미 증식 계획을 실시했지요. 우리나라 사람들도 쌀을 먹어야 하니 쌀 생산량을 늘려 늘어난 만큼의 쌀만 가져가겠다고 그럴듯하게 둘러댔어요.

일제는 본격적으로 쌀 생산량을 늘리기 위해 품종 개량, 수리 시설 개선, 비료 사용, 개간 사업 등 온갖 방법을 동원했어요. 그 결과 생산량이 늘기는 했지만 일제가 계획했던 목표량에는 미치지 못했지요. 그러나 일제는 늘어난 쌀의 양보다 더 많은 양의 쌀을 일본으로 가져갔고, 이로 인해 우리나라의 식량 사정은 크게 나빠졌어요. 전체적인 쌀의 생산량은 늘었지만 정작 우리나라 사람들이 먹을 쌀은 부족해진 거예요. 일제는 만주에서 조, 콩, 수수 등의 잡곡

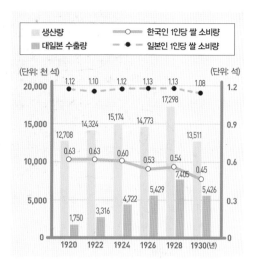

을 들여와 쌀을 대신하게 했지만 이것으로 식량난을 해결할 수 없었어요.

▌**쌀 생산량과 쌀 유출량** 1920년대 우리나라의 쌀 생산량은 늘어났지만 일제가 가져간 쌀의 양이 늘어난 생산량보다 많아 우리나라의 식량 사정은 크게 나빠졌다.

▌**군산항에 쌓여 있는 쌀** 일제는 목포항과 군산항 등을 통해 대량의 쌀을 일본으로 반출했다.

산미 증식 계획의 실시로 인한 문제점은 이뿐만이 아니었어요. 일제가 품종을 개량하고 수리 시설을 개선하는 데 들어간 비용을 우리 농민들에게 떠넘기는 바람에 농민들의 살림살이는 더욱 궁핍해졌어요. 막대한 빚을 감당하지 못해 고향을 떠나는 사람들도 많았지요.

오로지 쌀만 필요했던 일제는 다른 곡물은 재배하지 못하게 하고 쌀농사만 짓도록 강요했어요. 그러다 보니 밭을 논으로 바꾸는 일이 흔했고 이로 인해 다양한 곡물을 생산할 수 없게 되었어요. 곡물의 생산량이 줄면 필요한 만큼 다른 나라에서 수입해야 했기 때문에 식량의 자급화에도 큰 차질을 주었지요.

일제의 산미 증식 계획으로 우리나라는 큰 고통을 받았지만 일제는 공업화에 더욱 주력할 수 있어 보다 많은 자본을 축적할 수 있었어요. 그러자 일제는 본격적으로 자본을 이용한 식민지 수탈에 나섰지요.

우리나라에 일본 자본이 밀려들기 시작할 무렵, 일제는 법령 하나를 개정했어요. 그것은 우리나라 사람들의 민족 기업 설립을 막기 위해 1910년에 제정한 회사령이었지요. 일제는 일본 자본이 우리나라에 손쉽게 진출할 수 있도록 이 회사령을 폐지하고, 회사를 만드는 데 필요한 번거로운 허가 대신 회사를 설립한

▌**조선은행** 일제는 한국인 소유의 은행을 강제로 병합해 조선은행에 예속시키고 우리나라의 금융을 완전히 장악했다.

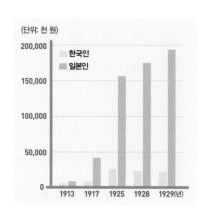

(단위: 천 원)

200,000

150,000

100,000

50,000

0

1913 1917 1925 1928 1929(년)

한국인
일본인

❚ **한국인과 일본인의 자금 비교** 회사령 폐지 이후 일제에서 들어온 자금이 급격히 늘어났다.

이후에 간편하게 신고만 하면 되도록 법령을 개정했어요. 이후 일본 대기업이 투자한 자본의 규모가 우리나라 전체 자본의 약 70퍼센트를 차지할 정도로 일본 자본이 급속히 늘어났어요. 기업과 공장의 수가 늘자 노동자의 수도 급격히 늘어났지요. 하지만 자본가와 노동자 간의 기본적인 갈등에 식민지라는 특수한 상황까지 겹치면서 우리나라 노동자들의 노동 환경은 매우 열악할 수밖에 없었어요. 일본인 노동자에 비해 임금이 절반밖에 안 될 정도로 차별도 심했답니다.

실력 양성 운동의 전개

대표적인 제국주의 국가 중 하나였던 영국의 사회학자 스펜서는 다윈의 진화론에 영향을 받아 다음과 같이 주장했어요.

세계사의 변화에 잘 적응하는 우수하고 실력 있는 나라가 번영하고 그렇지 못한 나라들이 도태되는 것은 당연하다.

사회 진화론이라고 불리는 이 이론은 제국주의 국가의 약소국에 대한 식민 지배를 정당화했지만 식민지의 지식인들에게 큰 영향을 주었어요. 그들은 자신들이 다른 나라의 침략을 받은 것은 실력이 없기 때문이며 따라서 실력을 키워 국권을 회복해야 한다고 생각했지요. 이러한 생각은 우리나라 지식인 사이에도 널리 퍼졌어요. 이는 일제에 나라를 빼앗기기 전에는, 실력을 키워 일제의 침략으로부터 나라를 지키려는 애국 계몽 운동으로 나타났고 국권 침탈 이후에는 실력을 키워 독립을 달성하려는 실력 양성 운동으로 이어졌지요.

우리 민족은 '먼저 실력을 길러야 독립을 이룰 수 있다.'는 기치 아래 국권을 회복하기 위해 노력했어요. 여기서 '실력'은 무장 투쟁을 위한 군사력이 아니라 산업 진흥과 교육으로 경제적·문화적 역량을 키워 서양의 자본주의 체제를 갖추는 것을 말해요. 그래서 실력 양성 운동은 크게 경제 분야와 문화 분야로 나뉘어 전개되었답니다.

경제 분야의 실력 양성 운동은 민족 기업 설립과 물산 장려 운동을 중심으로 이루어졌어요. 3·1 운동 이후 우리나라에서도 민족 자본 육성을 위해 공장과 기업을 설립하려는 사람들이 생겨났는데 때마침 일제가 회사령을 폐지하면서 회사를 수월하게 설립할 수 있었지요. 당시 설립된 대표적인 민족 기업으로는 경성 방직 주식회사가 있어요. 일본 방직 산업의 주력 제품이 광목이었기 때문에 대부분의 한국 기업이 광목을 생산하지 않았던 것과 달리 경성 방직은 광목을 생산해 일제에 정면으로 도전장을 내밀었지요.

▌ **태극성 광목** 경성 방직 주식회사에서 만든 광목이다.

경성 방직의 광목은 초창기에는 일본의 광목에 비해 인지도도 낮고 품질도 좋지 않아 잘 팔리지 않았어요. 그러자 〈동아일보〉 등을 중심으로 우리의 민족 산업을 보호하고 육성하기 위한 물산 장려 운동이 전개되었어요.

▌ **경성 방직 주식회사의 광고** 국산품 애용을 광고 문구로 이용하고 있다. '우리가 만든 것 우리가 쓰자'라고 크게 적혀 있다.

입자! 조선인이 짠 것을,

먹자! 조선인이 만든 것을,

쓰자! 조선인의 손으로 된 것을.

'내 살림 내 것으로', '조선 사람, 조선 것' 등의 구호 아래 평양에서 시작된 물산 장려 운동은 한때 전국적으로 확산될 정도로 많은 사람들이 호응했어요. 민족 감정에 호소하는 방법으로 시장을 확보한 경성 방직 주식회사는 점차 기술을 축적해 제품의 질을 향상시켰고 경영도 안정되기 시작했지요. 그러나 일제가 경제 전반을 완전히 장악하고 노동 운동이 계속되던 당시에는 조선 총독부와 타협하지 않고는 지속적으로 자본을 축적하기 어려웠어요. 그러다 보니 경성 방직 주식회사는 점차 우리 민족을 위한 기업으로 활동하기보다 기업의 이익을 위해 일제에 기대는 친일 세력으로 변모하고 말았지요.

국산품에 대한 수요가 증가해 가격이 크게 오르면서 기업인이나 상인들만 이익을 챙기는 경우가 자주 발생했어요. 이로 인해 자본가를 위한 운동이라고 비판받기 시작하면서 결국 물산 장려 운동은 소기의 목적을 달성하지 못한 채 점차 관심 밖으로 멀어졌답니다.

한편 문화 분야의 실력 양성 운동은 교육 분야를 중심으로 전개되었어요. 일제의 식민지 교육에 맞서 우리 민족의 힘으로 고등 교육 기관인 대학을 설립하려 한 민립 대학 설립 운동이 그 첫 번째였지요.

이상재 등의 독립운동가들은 민립 대학 기성회를 조직하고 전국적으로 모금 운동을 벌였어요. 그러나 이를 정치 운동으로 파악한 일제가 탄압을 지속하고, 수해와 가뭄 등으로 인해 모금 실적이 저조해져 결국 2년여 만에 실패로 끝이 났지요. 이후 일제는 우리 민족의 불만을 잠재우기 위해 서둘러 경성 제국 대학

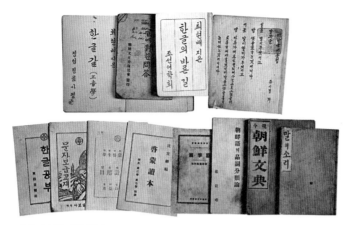

문자 보급 운동 책자

문자 보급 운동 〈조선일보〉는 '아는 것이 힘, 배워야 산다.'라는 구호와 함께 문자 보급 운동을 전개했다.

을 설립했어요. 경성 제국 대학은 일제 강점기에 세워진 유일한 대학으로 주로 친일 관리를 양성하는 역할을 담당했지요.

　문화 분야의 실력 양성 운동의 또 다른 줄기로는 언론 기관을 중심으로 이루어진 농촌 계몽 운동이 있어요. 민중을 깨우쳐 독립의 기초를 세워야 한다는 취지 아래 문자 보급 운동과 문맹 퇴치 운동 등이 전개되었지요.

　농촌 계몽 운동은 어느 정도 효과가 있었지만 1930년대 중반 무렵, 일제의 강력한 탄압으로 중단되고 말았답니다.

브 나로드 운동 〈동아일보〉는 브 나로드 운동을 내걸고 문맹 퇴치, 생활 개선 등의 농촌 계몽 운동을 전개했다.

다양한 사회 운동의 추진

　　1917년에 러시아 혁명이 성공하면서 세계 최초의 사회주의 국가인 소비에트 사회주의 공화국 연방, 즉 소련이 등장했어요. 소련이 반제국주의 노선을 표방하며 약소민족의 해방 운동을 지원하겠다고 약속하자 전 세계에서 큰 반향이 일어났지요. 사회주의 사상은 우리나라에도 전해져 청년층과 지식인을 중심으로 확산되었어요. 3·1 운동의 실패와 외교 독립의 한계 그리고 미국의 윌슨 대통령이 주장했던 민족 자결주의의 허구성에 크게 실망하고 있던 한국 지식인들에게 사회주의 사상은 한 줄기 희망이 되어 빠르게 전파되었지요. 1920년대에는 사회주의의 영향으로 다양한 사회 운동이 활발히 전개되었어요.

　　"추수한 곡식의 80퍼센트 가까이를 소작료로 내고 나면 뼈 빠지게 고생하며 농사지은 우리들은 뭘 먹고 살라는 말이오? 소작료를 내려 주시오."
　　"아니, 이놈들이 어디에 와서 소란이야? 경찰을 불러 혼쭐을 내기 전에 썩 물러가거라."

1923년 8월 어느 날, 추수를 앞둔 전남 신안군 암태도에서 소작인들이 지주에게 항의하며 소작료의 인하를 요구하는 일이 벌어졌어요. 지주들이 70퍼센트에서 80퍼센트 정도의 높은 소작료를 징수하려 하자 서태석을 중심으로 소작인들이 40퍼센트로 소작료를 인하해

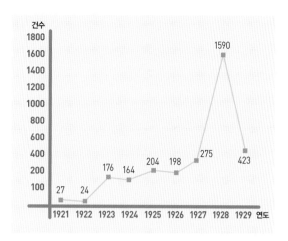

■ **소작 쟁의 건수** 농민들은 농민 조합을 조직해 소작 쟁의 등의 농민 운동을 활발히 전개했다.

달라고 요구한 것이지요. 하지만 지주들은 이들의 요구를 수용하지 않고 오히려 경찰을 동원해 소작인들을 위협했지요. 이에 소작인들은 추수를 거부하고 소작료 불납 동맹을 결성해 *소작 쟁의를 시작했어요.

일제가 토지 조사 사업과 산미 증식 계획을 실시하면서 땅을 잃고 소작인으로 전락하는 농민들이 많아졌어요. 게다가 일제가 지주들을 비호하면서 지주들의 횡포 또한 심해졌지요. 지주들은 자신들이 내야 할 각종 세금을 모두 소작인들에게 떠넘기고 소작료도 매우 높게 책정했어요. 농민들은 생존 자체가 위협받을 정도로 형편이 어려웠지만 어쩔 도리가 없었어요. 지주들에게 조금이라도 항의하는 날이면 일본 경찰들이 나서서 농민들을 잡아들였기 때문이에요.

농민들이 소작제로 인해 고통받고 있는 모습을 본 사회주의 세력들은 소작인들이 조직적으로 단결해 투쟁해야만 이 문제를 해결할 수 있다고 주장했어요.

소작 쟁의 소작권과 소작료 따위의 이해관계를 둘러싸고 지주와 소작인 사이에 벌어지는 투쟁

그들은 소작인 스스로의 자각이 우선이라며 소작인의 단결을 촉구했지요. 이에 전국적으로 소작 쟁의가 크게 늘었어요. 암태도 소작 쟁의도 그중 하나랍니다.

소작료 인하를 주장하던 암태도 소작인들은 지주 문재철의 횡포를 참다못해 문재철 아버지의 *송덕비를 부숴 버렸어요. 그러자 이것을 빌미로 일본 경찰이 소작인 50명을 체포하고 간부 13명을 목포로 압송했지요. 이 일로 분노한 농민들은 목포에 모여 항의할 것을 결의했어요. 이후 남녀노소 600여 명의 농민들이 목포 경찰서와 법원 앞에서 두 차례에 걸쳐 구속자 석방을 요구하며 단식 투쟁을 벌였어요. 이 사실은 〈동아일보〉의 보도로 전국에 알려졌고, 여러 사회단체의 지지와 지원이 잇따르며 결국 구속되었던 소작인들은 석방되었어요. 물론 소작료도 인하되었지요. 이후 농민 운동은 더욱 활발하게 이루어졌고 매해 수많은 농민이 소작 쟁의를 벌였어요. 이 과정에서 농민들의 권리 의식은 점차 높아졌지요.

날마다 새벽 4시에 일어나 세수하고 가서는 종이에다 담배 싸는 일을 하루 종일 하는데 90갑을 싸서 4통을 만들어야만 겨우 3전의 삯을 받아요. 지금 17살인데 벌써 4~5년이나 이 일을 하고 있

▌ 암태도 소작 쟁의에 참가한 농민들(상)과 이를 기념하기 위해 세운 탑이다(하).

송덕비 공덕을 기리기 위해 세운 비

58

답니다. 죽지 못해 하는 일이라 늘 괴롭지요. 담배를 싸서 가져다 검사를 받을 때 잘못했으면 매를 맞고 벌을 당하게 된답니다. 심지어 쫓겨나기까지 해요. 저희들은 그동안 그런 일을 날마다 보다시피 한답니다.

— 연초직공 한삼녀 이야기, 〈어린이〉 (1929)

1929년 한 어린이 잡지에 실린 담배 공장에 다니는 한삼녀 양의 이야기예요. 1920년대에는 일본인들이 공장이나 회사를 많이 설립하면서 노동자의 수도 크게 증가했어요. 노동자들은 12시간 이상 노동에 시달리면서도 심한 차별을 받았어요. 성인 남자의 임금은 일본인의 절반 수준이었고, 성인 여성의 임금은 한국인 남성의 절반, 즉 일본인의 4분의 1에 불과했지요. 열악한 노동 조건과 차별로 인해 일제에 대한 반감이 더욱 높아지던 가운데 노동자들이 사회주의 사상에 관심을 기울이기 시작했어요. 그리고 그 영향으로 노동조합을 결성하고 노동 운동을 전개하기 시작했지요. 처음에는 주로 임금을 올려 달라거나 임금을 깎지 말라고 요구하는 수준이었던 노동 운동은 점차 '8시간 노동제 확립', '최저 임금제 쟁취' 등을 요구하며 조직적이고 체계적으로 발전했답니다.

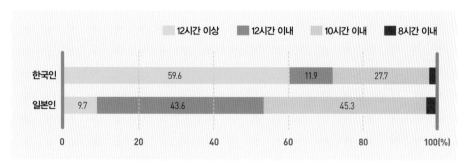

┃ **한국인과 일본인의 노동 시간 비교** 한국인 노동자는 60퍼센트 가까이가 12시간 이상 일했으나 일본인 노동자는 90퍼센트 가까이 12시간 이내로 일했다.

죽음을 각오하고 올라왔다. 평양 고무 공장 사장이 이 앞에 와서 임금 삭감 선언을 취소하기 전까지는 결코 내려가지 않겠다. 우리 요구를 끝까지 받아들이지 않는다면 나는 근로 대중을 대표해 죽음을 명예로 알 뿐이다.

– 〈회견기〉 (강주룡)

당시 평양의 고무 공장 노동자들은 적은 임금을 받고 15시간의 중노동을 하고 있었어요. 그런데도 회사가 임금을 깎겠다고 통보하자 격분한 49명의 노동자

■ **최초의 여성 노동 운동가 강주룡** 을밀대 지붕에 올라 일제의 노동 착취와 수탈을 고발하며 9시간 30분 동안 규탄 연설을 한 뒤 경찰에 체포되었다.

들이 단식 투쟁을 벌였지요. 하지만 회사는 이들의 요구를 들어주기는커녕 이들을 해고하고 경찰을 동원해 내쫓았어요. 이에 강주룡은 죽기를 각오하고 경찰의 접근이 어려운 •을밀대 지붕 위에 올라가 공장주의 횡포와 노동자들의 싸움을 알렸지요. 결국 임금 인하는 철회되었답니다.

일제 강점기에 발생한 최대 규모의 노동 운동은 원산 총파업이에요. 원산은 1880년에 개항한 이후부터 노동자들이 늘어 다른 지역에 비해 일찍부터 노동 운동이 발달한 곳이었지요.

1928년에 영국인이 운영하던 '라이징 선'이라는 석유 회사에서 일본인 현장 감독이 한국인 노동자를 멸시하고 구타하는 일이 발생했어요. 노동자들은 이 사건에 대해 항의하며 노동 조건 개선을 요구했고, 회사 측은 사과하며 노동자들의 요구를 받아들이겠다고 약속했지요. 하지만 3개월이 지나도록 회사 측은 약속을 지키지 않았고, 오히려 노동 운동을 탄압하려 했어요. 이에 원산의 노동자들이 단결해 1929년에 총파업에 돌입했어요. 전국 각지에서 성금과 식량을 지원하고 일본, 중국, 소련 등지에서도 격려 전문이 들어올 정도로 파업은 확산되었지요. 결국 실패로 끝나기는 했지만 원산 총파업은 4개월이나 지속되면서 노동 운동의 규모와 강도 그리고 노동자들의 폭넓은 연대 등에서 노동자들의 저력을 유감없이 보여 주었어요.

이처럼 1920년대에 활발하게 전개된 소작 쟁의와 노동 운동은 민중 스스로 자신의 생존권을 지키기 위해 벌인 운동이었어요. 이 과정에서 민족과 계급에 따른 차별을 폐지하고자 했던 민중들의 정신은 훗날 사회주의 운동으로 이어지기도 했지요.

을밀대 평안남도 평양 금수산 마루에 있는 고구려 시대의 정자로 조선 숙종 때 재건되었다.

항일 운동에 앞장선
학생들

1926년 4월에 대한 제국의 마지막 황제인 순종이 숨을 거두었어요. 일부 사회주의자와 학생들은 고종의 장례식이 있던 날에 3·1 운동을 일으켰던 것처럼, 순종의 장례식이 치러질 예정이던 6월 10일에 대규모 만세 시위를 벌이려 계획했어요. 하지만 3·1 운동과 같은 일이 또다시 벌어질 것을 염려했던 일제가 삼엄한 경비를 펼치면서 대부분의 계획은 사전에 발각되고 말았지요. 수많은 애국지사가 체포되면서 애초에 계획했던 거사는 시작해 보지도 못하고 끝이 났어요. 그렇지만 학생들은 6월 10일이 되자 일제의 삼엄한 경비를 뚫고 장례 행렬을 따라가며 군중에게 격문을 뿌리고 독립 만세 시위를 시도했답니다.

200명이 넘는 주동자가 현장에서 바로 체포되었어요. 이들은 재판을 받으며 일본인 판사 앞에서 당당하게 거사의 목적을 밝혔지요.

"거사의 목적과 동기는 삼척동자도 다 알고 있는 사실인데 새삼 물어볼 것이 어디 있느냐."

"자유를 절규하면 자유를 얻는다는 결심으로 거사에 임했소."

"나는 조선말로 대답하겠소."

6·10 만세 운동은 일제의 철저한 봉쇄로 3·1 운동과 같은 거족적인 민족 운동으로 발전하지는 못했지만 우리 민족의 독립 의지를 뚜렷이 보여 주었다는 점에서 큰 의의가 있어요. 또한 민족주의 계열과 사회주의 계열로 나뉘어 대립하고 있던 독립운동가 사이에 통합과 연대의 필요성을 부각시켜 신간회가 결성되는 데 결정적인 역할을 했지요.

┃6·10 만세 운동을 보도한 〈조선일보〉 1926년 11월 3일자 기사 '기미운동 이후 2차 만세 운동 사건', '학생 11명 공판', '조선말로 대답하겠소' 등의 기사 제목이 보인다.

1929년 10월 30일, 나주에서 광주로 향하는 통학 기차 안에서 일본인 중학생 몇 명이 한국인 여학생의 머리댕기를 잡아당기는 등의 행동을 하며 한국인 여학생을 희롱하는 일이 발생했어요.

"후쿠다, 너는 명색이 중학생인 녀석이 야비하게 여학생을 희롱해?"

"뭐라고? 센진 놈이 뭐라고 까불어?"

이 센진이라는 말이 후쿠다의 입에서 떨어지기가 무섭게 나의 주먹은 2자의 면상에 날아가 작렬했다. 더구나 이 센진이란 얼마나 우리 민족을 모욕하는 말인가.

일본인 학생에게 희롱을 당하던 여학생의 사촌 동생인 박준채가 마침 그 광경

▌**희롱당한 한국인 여학생** 이광춘, 박기옥은 일본인 학생에게 댕기
를 잡히며 희롱당했다.

▌**박준채** 사촌누나 박기옥이 일본인 학생에게
희롱당하는 것을 보고 일본인 학생을 구타했다.

을 목격하면서 싸움이 발생했어요. 이 일을 계기로 한국 학생들과 일본 학생들
은 여러 차례 대립했고, 그때마다 일본 경찰은 일본 학생의 편만 들었지요. 거기
에다 〈광주일보〉가 편파적인 기사를 내보내면서 그동안 쌓여 온 한국 학생들의
반일 감정이 폭발하고 말았어요. 광주 지역의 학생들은 '식민지 차별 교육 철폐',
'한국인 본위의 교육 제도 확립' 등을 요구하며 시위를 벌이기 시작했어요.

이 소식은 전국의 학생들을 자극했어요. 서울을 시작으로 전국 각지에서 수많
은 학생들이 일어나 시위에 동참했지요. 일본 경찰들이 한국 학생들을 심하게
탄압하자 민족 운동 단체였던 신간회는 조사단을 파견해 진상을 조사하는 한편,
항일 운동이 전국으로 확산되도록 노력했어요. 그 결과 1929년에 광주에서 시작
된 학생들의 항일 운동은 전국적으로 확대되었지요. 초등학교 54개, 중등학교
136개 등 모두 194개의 학교에서 5만 4000여 명의 학생들이 항일 운동에 참여할
정도로 규모가 대단했어요. 이처럼 전국 각지에서 수많은 학생들이 모여 일제에
대항한 것은 3·1 운동 이후 처음 있는 일이었지요.

광주 학생 항일 운동이 전국 규모의 항일 민족 운동으로 발전할 수 있었던 데

에는 신간회의 역할이 컸어요. 1920년대의 독립운동은 크게 민족주의 계열과 사회주의 계열로 나뉘어 전개되었어요. 이들은 독립의 목적과 방식을 놓고 대립했지요. 그러다가 1920년대 중반 무렵, 민족주의 세력 중 일부가 일제의 회유 정책에 넘어가 독립을 포기하고 일본 제국 내에서의 자치 실현을 목표로 하는 자치론을 주장하는 일이 발생했어요. 독립을 위해 힘을 하나로 모아도 부족한 상황에서 오히려 분열된 거예요. 이로 인해 독립운동가 간 통합의 필요성이 절실해지면서 민족 유일당을 만들기 위한 움직임이 활발하게 전개되었어요. 그 결과 6·10 만세 운동 이후 사회주의 세력과 일제에 비타협적인 민족주의 세력이 이념과 노선의 차이를 극복하고 손을 잡았지요. 이때 만들어진 민족 운동 단체가 바로 신간회랍니다.

우리는 정치적·경제적 각성을 촉진한다.
우리는 단결을 공고히 한다.
우리는 기회주의를 일체 부인한다.

– 신간회의 강령

신간회는 당시 일각에서 일제와의 타협을 전제로 한 자치론을 주장하며 기회주의적인 모습을 보이는 것에 대해 강력히 비판했어요. 그와 더불어 완전 절대 독립 노선 지지, 일제에 대한 타협주의 배격, 민족의 대동단결 등을 주장하며 소작 쟁의와 노동 운동, 학생 독립 운동 등을 지원했지요. 이후 신간회는 국민들의 지지와 성원을 바탕으로 다양한 형태의 민족 운동을 이끌었지만 일제의 탄압과 이념과 노선의 차이로 인해 결국 4년여 만에 해체되고 말았답니다.

치열하게 전개된
의열 투쟁

▎박재혁(1895~1921) 일본 부산 경찰서에 폭탄을 터뜨려 경찰 서장을 죽였다.

▎김익상(1895~1925) 조선 총독부 청사 두 곳에 폭탄을 던져 아수라장으로 만들었다.

　1920년 9월, 부산 경찰서에서 폭음과 함께 폭탄이 터졌어요. 이 폭발로 인해 일본인 부산 경찰 서장이 사망하고, 폭탄을 터뜨린 박재혁은 무릎 뼈에 중상을 입은 채로 현장에서 바로 체포되었지요. 고문과 부상으로 고통을 겪던 박재혁은 사형이 확정되자 '내 뜻을 다 이루었으니 지금 죽어도 아무 한이 없다. 왜놈 손에 죽느니 스스로 죽겠다.'라는 말을 남기고 단식을 하다가 9일 만에 감옥에서 순국했어요.

　1921년 9월, 일본인 전기 수리공으로 변장한 김익상이 조선 총독부 청사 2층의 비서과와 회계과에 폭탄을 던졌어요. 비서과의 폭탄은 불발이었지만 회계과에 떨어진 폭탄은 크게 폭발하면서 조선 총독부 청사를 아수라장으로 만들었지요. 폭발 소리에 놀란 일본 헌병들이 뛰어오자 김익상은 여유롭게도 '2층으로 가면 위험해요.'라는 말을 남기고 유유히 조선 총독부 청사를 빠져나왔어요. 식민 통치의 심장부에 폭탄을 던졌지만 일제는 물샐 틈 없는 경비를 뚫은 김익상을 결국 체포하지 못했지요.

1923년 1월, 종로 경찰서의 서편 창문으로 엄청난 굉음을 내며 폭탄이 날아들었어요. 폭탄을 던진 후 현장을 빠져나간 김상옥은 고봉근의 집으로 피신해 다음 거사를 계획했지요. 그러나 은신처가 탄로 나면서 일본 경찰 열네 명이 고봉근의 집을 포위했어요. 김상옥은 뛰어난 사격술로 일본 경찰의 포위망을 뚫고 탈출하는 데 성공하지요. 김상옥의 은신처를 다시 찾아낸 일본 경찰은 김상옥을 또다시 놓치지 않기 위해 400여 명의 무장 경찰을 동원해 은신처를 겹겹이 포위했어요. 이에 김상옥은 양손에 권총을 들고 인근 가옥의 지붕을 넘나들며 일본 경찰과 신출귀몰한 접전을 벌였지요. 마치 영화와 같았던 세 시간여의 사투 끝에 김상옥의 총에는 결국 단 한 발의 탄환만 남게 되었어요. 그러자 김상옥은 '대한 독립 만세'를 외친 뒤 마지막 탄환으로 자결했어요. 그의 시신에 남은 열한 발의 총상은 당시 격렬했던 전투와 김상옥의 활약을 보여 주는 증거예요.

▌ 서울 대학로에 있는 김상옥의 동상
김상옥(1890~1923)은 종로 경찰서에 폭탄을 투하하고 세 시간여 동안 일본군과 숨 막히는 접전을 벌이다 마지막 남은 총알로 자결했다.

▌나석주의 거사를 보도한 〈동아일보〉의 호외 '대낮에 돌발한 근래 초유의 대사건'이라는 제목이 보인다.

1926년 12월, 나석주는 *식산 은행에 들어가 폭탄을 던졌어요. 그러나 폭탄은 불발이었고 다행히 일본인들은 나석주의 행동을 눈치채지 못했지요. 식산 은행을 빠져나온 나석주는 그 길로 동양 척식 주식회사로 향했어요. 그곳에서 나석주는 1층에 있던 일본인 한 명을 권총으로 저격하고, 2층으로 올라가 또 다른 일본인을 저격했어요. 그러고는 기술 과장실에 폭탄 한 개를 던지고 1층으로 뛰어내려 오며 두 명의 일본인에게 총격을 가했지요. 그런데 이번에도 폭탄은 불발이었어요. 총격전이 벌어졌다는 소식을 들은 일본 경찰이 나석주를 쫓으며 포위망을 좁혀 왔어요. 도망치던 나석주는 모여 있던 군중에게 '나는 조국의 자유를 위해 투쟁했다. 2000만 민중아, 분투해 쉬지 말라.'라고 외치고는 다시 일본 경찰들에게 총을 쏘았지요. 나석주는 일본 경찰과의 격렬한 접전 끝에 일본 경감을 사살했어요. 우리 동포를 괴롭히던 일본인 일곱 명을 처단하는 데 성공한 나석주는 결국 자결로 생을 마감했답니다.

박재혁, 김익상, 김상옥, 나석주 이들은 모두 의열단의 일원으로, 개인 폭력

식산은행 일제 강점기에 일본이 조선에서 신용 기관을 통한 착취를 강화하기 위해 만든 은행

투쟁을 통해 독립을 쟁취하려 했어요. '의열'이란 '정의감에서 우러나오는 기개가 씩씩하고 열렬함'을 뜻해요. 일제 강점기에는 침략의 원흉인 일제와 친일 매국노를 처단하고 일제가 만든 침략 기관을 파괴해, 궁극적으로 민중 혁명을 일으켜 독립을 달성하려 한 의열 투쟁이 많이 발생했어요. 의열 투쟁에 뛰어든 이들은 자신의 목숨을 바칠 각오로 투쟁에 임하곤 했는데 우리가 잘 알고 있는 안중근 의사도 대표적인 의열 투사랍니다.

의열 투쟁을 좀 더 적극적이고 조직적으로 전개하고 싶었던 김원봉은 열두 명의 동지와 함께 1919년에 만주 지역에서 의열단을 조직해 과감한 폭력 투쟁을 전개했지요. 의열단원들은 국내로 대규모의 폭탄을 들여와 조선 총독부, 경찰서, 식산 은행, 동양 척식 주식회사 등의 식민 통치 기관을 폭파하려고 시도하는 한편, 우리 민족을 탄압하는 데 앞장선 일본군과 경찰 등을 처단하기 위해 고군분투했어요.

단원들은 의열단 상부의 지시에 따라 목숨을 걸고 투쟁했어요. 이들의 거침없는 활동은 일제의 간담을 서늘하게 만들었고 우리 민족의 항일 독립 의지를 일깨워 주었지요. 일본인이나 친일파에게는 죽음을 두려워하지 않는 의열단이 공포 그 자체였을 거예요. 그러다 보니 일제는 의열단의 단장이던 김원봉을 잡기 위해 혈안이 되었지요. 김원봉에게 걸린 현상금이 식민 통치 기간을 통틀어 최고의 금액이었던 것만 봐도 잘 알 수 있어요. 1922년 겨울에 김원봉은 신채호에게 의열단의 행동 강령 및 투쟁 목표를 문서로 만들어 달라고 요청했어요. 그렇게 해

▌ **김원봉(1898~1958)** 만 스물한 살의 젊은 나이에 의열단을 조직하고 단장이 되었다.

서 탄생한 것이 바로 조선 혁명 선언이랍니다.

> 민중은 우리 혁명의 대본영이다.
> 폭력은 우리 혁명의 유일한 무기이다.
> 우리는 민중 속으로 가서 민중과 손을 맞잡아
> 끊임없는 폭력(암살, 파괴, 폭동)으로써
> 강도 일본의 통치를 타도하고
> 우리 생활에 불합리한 일체의 제도를 개조해
> 인류로써 인류를 압박하지 못하며
> 사회로써 사회를 박탈하지 못하는
> 이상적 조선을 건설할지니라.
>
> — 조선 혁명 선언(신채호)

신채호는 '조선 혁명 선언'에서 민중을 위한 이상적인 조선을 건설하려면 민중이 직접 폭력 투쟁을 전개해야 한다고 분명히 밝혔어요. 이후 의열단원들은 이 '조선 혁명 선언문'을 가슴에 품고 다니며 항일 투쟁 노선을 정당화하고 투쟁의 지표로 삼았지요.

> 그들의 생활은 밝음과 어둠이 기묘하게 혼합된 것이다. 언제나 죽음을 눈앞에 두고 있었으므로 살아 있는 동안이라도 마음껏 즐기려 했던 것이다. 그들은 놀라울 정도로 멋진 친구들이었다. …… 사진 찍기를 아주 좋아했으며, 언제나 이번이 죽기 전에 마지막으로 찍는 것이라 생각했다.
>
> — 《아리랑》(님 웨일즈)

미국의 여류 작가인 님 웨일즈는 자신의 책에서 의열단의 모습을 위와 같이 묘사했어요. 이처럼 의열단은 언제나 이번이 죽기 전 마지막 순간이라고 생각하며 목숨을 걸고 의열 투쟁을 전개했어요. 그리고 실제로 많은 단원들이 투쟁 중에 순국했지요.

수많은 사람들이 희생되었지만 의열 투쟁만으로 독립을 달성하기에는 많은 한계가 있었어요. 경찰 서장을 죽여도 또 다른 사람이 와서 경찰 서장의 자리에 앉았고, 경찰서를 파괴하면 다시 수리를 하면 그뿐이었거든요. 일본인들에게 두려움을 주고 우리 민족에게 통쾌함과 작은 희망을 주었지만 실질적인 결과물이 없었던 거예요. 독립은 여전히 저 멀리에 있었지요. 한계를 느낀 김원봉은 무장 투쟁으로 노선을 전환하고 계획적으로 혁명 훈련과 간부 조직에 착수했어요. 이후 많은 단원들이 군사 학교에 들어가 군사 교육과 간부 훈련을 받았지요. 그리고 이들은 1930년대에 중국에서 전개된 독립운동에서 주도적인 역할을 담당했답니다.

독립군의
빛나는 승리

나아가세 독립군아 어서 나아가세 기다리던 독립 전쟁 돌아왔다네.

이때를 기다리고 10년 동안에 갈았던 날랜 칼을 시험할 날이.

나아가세 대한민국 독립 군사야 자유 독립 광복함이 오늘이로다.

정의의 태극 깃발 날리는 곳에 적의 군세 낙엽같이 쓰러지리라.

— 〈독립군가〉

일제의 탄압으로 고통받던 우리 민족은 점차 무장 투쟁을 해서라도 독립을 이루어야 한다고 생각하기 시작했어요. 이에 따라 만주와 연해주 등지에 독립군 기지들이 건설되고, 많은 애국 청년들이 독립군이 되었지요. 1920년대 초반 만주 지역에만 70여 개의 독립군 부대가 편성되어 국경을 넘나들며 일본군 초소나 식민 통치 기관 등을 공격했어요.

1920년 6월에 홍범도가 이끄는 대한 독립군을 비롯한 독립군 연합 부대가 일본군을 만주 봉오동으로 유인해 기습 공격을 감행했어요. 이를 봉오동 전투라고 해요. 이 전투에서 일본군은 전사자 157명, 중상자 200여 명, 경상자 100여 명이 발생한 반면, 독립군은 네 명의 전사자와 두 명의 부상자를 내는 데 그쳤지요. 독립군 부대가 일제의 정규군을 상대로 대승을 거둔 거예요. 이 일로 독립군의 사기는 크게 높아졌답니다.

봉오동에서 크게 패한 일제는 대대적인 토벌 작전을 벌여 독립군의 뿌리를 뽑

▍김좌진 장군은 청산리 대첩을 승리로 이끌었다.   ▍청산리에서 일본군이 부상병을 실어 나르고 있다.

고자 했어요. 1920년 10월에 만반의 준비를 마치고 대규모 병력을 만주 지역에 투입한 일제는 점차 포위망을 좁히던 중 청산리 일대에서 독립군과 전투를 벌이게 되었지요. 김좌진의 북로 군정서군과 홍범도의 대한 독립군을 비롯한 독립군 연합 부대는 청산리 일대에서 6일간에 걸쳐 10여 차례의 전투를 치르며 일본군을 크게 물리쳤어요.

청산리 대첩이라 불리는 이 전투에서 독립군은 일본군 1254명을 사살하고 200여 명에게 부상을 입혔으며 많은 무기를 빼앗는 등의 큰 성과를 거두었어요. 청산리 대첩은 독립군이 일본군과 벌였던 전투 중 가장 큰 규모의 전투로, 독립군 사상 최대의 전과를 올린 빛나는 승리였답니다.

그러나 청산리 대첩의 기쁨은 오래가지 못했어요. 봉오동에 이어 청산리에서도 크게 패한 일제가 그에 대한 보복으로 독립군의 근거지를 아예 없애 버리기로 결심했거든요. 일본군이 간도 지역의 한인 마을을 불태우고 한국인을 무차별적으로 살해하는 끔찍한 만행을 저지르자 독립군은 동포들을 살리고 일제의 공격도 피하기 위해 러시아의 연해주 지역으로 근거지를 옮겼어요. 하지만 독립

▌**청산리 전투지** 현재는 저수지이다.

▌**가족을 잃고 오열하는 간도의 부녀자들** 일제는 간도에서
한국인 1만여 명을 학살했다.

군의 시련은 여기서 끝나지 않았어요. 러시아군이 지휘권 양도를 거부하는 독립
군을 무장 해제하는 과정에서 수백 명의 독립군이 희생되었거든요. 그러나 독립
군은 이에 굴하지 않고 다시 만주로 돌아와 전열을 재정비하고 부대 통합 운동
을 추진했어요. 그 결과 참의부, 정의부, 신민부가 결성되었지요. 이후 3부를 통
합하자는 움직임이 일어나면서 독립군은 북만주 지역의 혁신의회와 남만주 지
역의 국민부로 재편되었지만 결국 하나로 통합되지는 못했답니다.

▌**폐허가 된 간도의 한 마을** 민가 2500여 채와 학교 30여 채가 불탔다.

러시아 혁명과
사회주의

1905년에 게오르기 가폰 신부는 러시아의 황제인 니콜라이 2세에게 편지를 썼어요.

페하! 저희 페테르부르크의 노동자와 주민, 처자식과 늙은 부모들은 정의와 보호를 구하기 위해 당신께 갑니다. 저희는 가난 속에 억눌리고 힘든 노동 속에 모욕당하면서도 비참한 운명을 묵묵히 참아 내며 노예와 같은 삶을 살아왔습니다. 저희의 인내는 고갈됐습니다. 고통을 견뎌 내기보다는 차라리 죽는 게 나은 시점에 이른 것입니다. 저희는 일을 멈추고 고용주에게 최소한의 생존권만이라도 보장해 달라고 간절히 요구했습니다. 그러나 요구는 거절됐습니다.

서유럽에 비해 정치적·경제적으로 뒤처져 있던 러시아에서는 개혁을 요구하는 국민들의 목소리가 점차 높아지고 있었어요. 그러던 중 1904년에 시작된 러·일 전쟁으로 생활이 어려워지자 노동자들의 불만은 극에 달했지요. 1905년 1월 22일 일요일, 가폰 신부를 비롯한 수많은 시민들이 평화 시위를 벌이기 시작했어요. 시위대는 황제에게 개혁을 요구하기 위해 궁전을 향해 전진했고 궁전을 지키던 군대는 이들에게 해산을 명령했지요. 시위대가 해산하지 않자 군대는 이들을 향해 마구 총을 쏘았어요. 이날 하루 동안 상트페테르부르크에서는 1000여 명이 죽고 3000여 명이 부상을 당했어요. 그야말로 '피의 일요일'이었지요.

피의 일요일 1905년 1월 22일 일요일에 러시아의 상트페테르부르크에서 많은 노동자가 학살당했다. 시위를 하던 노동자들에게 황제의 군대가 발포하여 많은 희생자를 냄으로써 이 사건은 제1차 러시아 혁명의 발단이 되었다.

이 소식이 러시아 전역으로 퍼지면서 곳곳에서 항의 파업과 시위가 이어졌어요. 니콜라이 2세는 시민들의 불만을 달래기 위해 의회 설치와 참정권 확대 등의 개혁을 약속했지만, 제1차 세계 대전이 발발하면서 개혁은 곧 중단되고 말았지요. 그런 상황에서 러시아군이 잇달아 전쟁에서 패하고 식량난까지 겹치자 시민들의 불만은 날로 높아졌어요. 결국 참다못한 노동자들은 '식량 배급, 전쟁 중지, 전제 정치 타도'를 요구하며 봉기를 일으켰어요. 여기에 군인들까지 동참하면서 니콜라이 2세는 물러나고 말았지요.

1917년 2월, 러시아에 임시 정부가 수립되었어요. 그런데 새로 수립된 임시 정부 역시 개혁은 제쳐 둔 채 전쟁만 계속하자, 레닌이 이끄는 급진파인 볼셰비키가 임시 정부의 정책을 반대하고 나섰어요. "모든 권력을 소비에트에게로!"라는 구호 아래 레닌은 대중의 지지를 받으며 임시 정부를 무너뜨리고 사회주의 국가를 건설했어요. 이를 '10월 혁명'이라고 해요. 이후, 레닌은 전쟁을 중단하고 공산당의 독재를 선언한 후 사회주의당 개혁을 실시했어요. 그런 후에 사회주의 세력을 확산시키기 위해 국제 공산당 연합 조직인 코민테른을 만들고 주변국을 흡수해 1922년에는 러시아를 비롯한 15개의 소비에트 공화국으로 구성된 '소비에트 사회주의 공화국 연방(소련)'을 수립했지요.

3장

민족 말살 정책과 무장 독립 투쟁

1929년에 발생한 대공황의 위기를 스스로 해결하기 어려웠던 일제는 1930년대 초부터 전쟁을 통해 위기를 극복하려 했어요. 군수 공업을 육성하고 식민지를 수탈하는 방법으로 경제 위기를 해결하려 했지요. 일제는 우리나라를 병참 기지로 삼고 우리 민족의 전통과 문화를 말살해 일본인과 동화시키려는 정책을 펼쳤어요. 1930~40년대에 일제가 추진한 민족 말살 정책과 이에 맞선 우리 민족의 다양한 독립운동에 대해 알아보도록 해요.

대공황의
발생과 전쟁

　1929년 10월 24일, 미국 뉴욕 월가의 뉴욕 주식 거래소에서 주가가 크게 폭락하는 일이 발생했어요. 이 일로 기업들이 망해서 문을 닫고, 기업에 돈을 빌려 준 은행은 돈을 받지 못해 연쇄적으로 부도가 났지요. 많은 기업이 문을 닫는 바람에 직장을 잃는 사람도 크게 늘어났어요. 제1차 세계 대전 이후 승승장구하던 미국의 경제가 무너지는 순간이었지요. 이렇게 미국에서 시작된 대공황은 독일, 영국, 프랑스 등의 유럽 국가로 확산되었고, 곧 아시아를 포함한 전 세계에 큰 영향을 미쳤어요. 세계 각국은 대공황의 위기를 극복하기 위해 여러 가지 방법을 동원했지만 위기에서 빠져나오는 것은 쉽지 않았어요.

　당시 일제의 경제는 자국 내 시장의 규모가 작고 식민지가 많지 않아 해외 무역에 주로 의존하고 있었어요. 그런데 대공황이 발생하자 미국과 유럽의 여러 나라들이 위기를 극복하기 위해 *블록 경제를 형성하고 보호 무역 정책을 강

블록 경제 몇몇 나라가 동등한 입장에서 블록을 형성해 역내 교역은 관세 없이 자유로이 하고, 역외 국가에 대해서는 배타적인 무역 장벽을 쌓아 경쟁력을 높이는 방식의 경제 체제

▌산하이관을 점령한 일본군 일본군은 만리장성의 기점이자 중국 본토로 들어가는 관문인 산하이관을 점령하고 만주 사변을 일으켜 만주국을 세웠다.

화하면서 일제는 수출길이 막히고 말았어요. 이에 일제의 많은 기업이 도산하고 실직자가 대량으로 발생하면서 일본 경제는 혼란에 빠졌지요.

이런 상황에서 만주 지역에 주둔하던 일본 관동군이 군비 삭감 등에 불만을 품고 1931년에 만주를 침략했어요. 만주 지역 대부분을 차지하고, 다음 해에는 상하이까지 점령한 일본군은 망명 중이던 청나라의 마지막 황제 푸이를 내세워 만주국의 수립을 선포했어요. 이를 만주 사변이라고 하지요. 이후 만주국은 일본군의 무단 통치를 받으며 일제의 전쟁을 위한 기지 역할을 수행하게 된답니다.

일제의 노골적인 침략 행위에 제1차 세계 대전 이후 국제 평화 유지와 협력의 촉진을 목적으로 창설된 국제 연맹이 조사단을 파견했어요. 국제 연맹은 일본 군이 만주국에서 철수할 것을 권고했지만 일제는 이를 거부하고 오히려 국제 연맹을 탈퇴했지요. 이후 군부를 중심으로 자유주의를 부정하고 폭력적인 방법을 이용해 일당 독재를 주장하던 일제의 *파시즘 세력이 일본 천황을 신격화하며 극단적인 민족주의를 앞세우기 시작했어요. 1937년에 중·일 전쟁을 일으킨 데 이어 1941년에는 태평양 전쟁을 일으키며 점차 극단으로 치달았지요.

1940년 9월에 일본 외상은 아래와 같은 담화문을 발표했어요.

만주국이 만든 홍보 포스터
'일본, 중국, 만주국이 협력하면 천하가 태평하다.'라는 문구이다.

> 아시아 민족이 서양 세력의 식민지로부터 해방되려면 일본을 중심으로 대동아 공영권을 결성해 아시아에서 서양 세력을 몰아내야 한다.
>
> – 담화문(1940) (마쏘오카 요스케)

대동아 공영권은 일제를 중심으로 함께 번영할 동아시아의 여러 민족과 그 거주 범위를 말해요. 일제는 대동아 공영권 결성을 통해 일본, 중국, 만주를 중심으로 인도차이나 반도, 타이, 말레이시아 등의 동남아시아와 오스트레일리아, 뉴질랜드, 인도 지역을 블럭화해 정치적·경제적으로 공존을 도모하자고 주장했어

일본의 10센 우표
(1942~1947) 대동아 공영권의 범위를 나타내는 지도가 우표에 표시되어 있다.

파시즘 극단적인 전체주의적·배외적 정치 이념 또는 그 이념을 따르는 지배 체제. 자유주의를 부정하고 지배자에 대한 절대적인 복종을 강요한다. 또한 국수주의와 군국주의를 지향하며 침략 정책을 주장한다.

요. 마치 아시아를 서양 세력으로부터 구해 내자는 것처럼 말하고 있지만, 실은 모두 일제의 식민지로 만들려는 속셈이었어요. 아시아 대륙에 대한 일제의 침략을 합리화하기 위해 내세운 명분일 뿐이었지요. 이를 위해 일제는 중·일 전쟁과 태평양 전쟁도 도발했어요. 이러한 일제의 침략 전쟁은 전쟁을 반대한 선량한 일본 국민에게도 고통을 주었지만 식민지인 우리나라에는 더 큰 고통을 주었답니다.

병참 기지로 전락한
한반도

　침략 전쟁이 활발하게 진행될수록 일제는 본토에서 조달되는 군수 물자만으로는 전쟁을 유지하기 어렵게 되었어요. 노동자는 물론, 전쟁에 직접 참여할 군인의 수도 부족했지요. 그러자 일제는 식민지인 우리나라를 전쟁의 병참 기지로 삼고 본격적으로 군수 공업을 육성하기 시작했어요. 우리 민족을 노동자나 일본군으로 징용하기 위한 정책도 적극적으로 추진했지요.

　제7대 조선 총독인 미나미가 1938년에 발표한 대륙 병참 기지에 관한 훈시를 읽어 보면 일제의 의도를 좀 더 명확히 알 수 있어요.

　제국의 대륙 병참 기지로서 조선의 사명을 명확히 파악해야 하겠다. 이번 사변(중·일 전쟁)에 우리 조선은 대중국 작전군에 대해 식량, 잡화 등 상당량의 군수 물자를 공출해 어느 정도의 효과를 올렸다. 그러나 이 정도를 가지고는 아직도 불충분하며 장래 어떤 큰 사태에 직면했을 때는 가령 어느 기간 동안 중국 대륙 작전군에 대해 일본 내지로부터의 해상 수송이 차단당하는 경우가 있더라도 조선의 힘만으로 이를 보충할 수 있을 정도로 조선 산업 분야를 다각화하며 특히 군수 공업의 육성에 역점을 두어 만전을 기할 필요가 있다.

– 대륙 병참 기지에 관한 훈시(미나미)

병참 기지 정책에 의해 일제의 대기업 자본이 우리나라의 금속, 기계, 화학 등 군수 산업과 관련된 중화학 분야에 집중적으로 투자되기 시작했어요. 동시에 철, 석탄 등 지하자원의 생산도 크게 늘어났지요. 이로 인해 우리나라의 경제는 군수 산업 위주로 바뀌었는데,

▌**황해도 은율군 금산포의 철광산** 1930년 대 후반부터 우리나라의 경제는 군수 산업 위주로 바뀌었는데, 군수 공장이 주로 북부 지방에 편중되면서 지역 불균형이 심각해졌다.

군수 공장이 주로 북부 지방에 편중되면서 지역 불균형이 심각해졌어요. 이는 광복 이후 남한 경제의 어려움을 가중시키는 원인이 되기도 했답니다.

일제는 우리나라로부터 원료를 값싸게 공급받아 상품을 제조하고 이를 해외에 수출하는 방식으로 일본 자본가를 보호하는 한편 자국의 경제를 발전시켰어요. 당시 일제는 전쟁을 위해 군수 공장에 투자하기도 했지만 ˙국가 총동원법을 실시해 우리나라의 물적 자원과 인적 자원을 수탈하는 데 더 집중했어요. 그중에서도 전투 병력이 많이 필요했던 일제는 지원병제를 실시해 우리나라의 청년들을 침략 전쟁에 끌어들인 뒤 총알받이로 이용했지요.

국가 총동원법 1938년에 일본이 전쟁을 수행하기 위해 인적·물적 자원을 통제하고 동원할 목적으로 제정한 법률

이후 태평양으로 전쟁이 확대되자 일제는 1943년에 학도지원병제를 실시해 우리나라의 학생들까지 전쟁터로 끌고 갔어요. 그것도 부족해 1944년에는 강제 징병제를 실시했지요. 일제가 연합군 측에 항복할 때까지 약 20만 명의 청년들과 2500명의 학생들이 일제에 의해 전쟁터로 내몰렸어요. 일제는 우리의 청년들을 전쟁터로 끌어들이기 위해 친일 문학가와 지식인들을 적극 활용했답니다.

이제야 기다리고 기다리던 징병제라는 커다란 감격이 왔다. …… 이제 우리에게도 국민으로서의 책임을 다할 기회가 왔고, 그 책임을 다함으로써 진정한 황국 신민으로서의 영광을 누리게 된 것이다.

— '징병제와 여성의 각오' (김활란)

당시 이화 여전의 교장이던 김활란은 〈신세대〉라는 잡지에 위와 같은 글을 실었어요. 한국인이 한국의 청년들을 사지로 몰아넣는 것을 환영하는 글을 쓴 거예요. 여류 시인 노천명도 시를 통해 우리 민족을 배반하는 행위를 했지요.

남아면 군복에 총을 메고
나라 위해 전장에 나감이 소원이러니
이 영광의 날
나도 사나이였다면 나도 사나이였다면
귀한 부르심을 입었을 것을

— '님의 부르심을 받들고' (노천명)

일제는 국가 총동원법에 따라 군인뿐 아니라 전쟁에 필요한 노동 인력까지 강

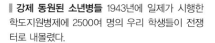

강제 동원된 소년병들 1943년에 일제가 시행한 학도지원병제에 2500여 명의 우리 학생들이 전쟁터로 내몰렸다.

강제 징용자 신체 검사장 약 20만 명의 청년들이 전쟁터로 끌려갔는데 일제는 이를 위해 친일 문학가와 지식인들을 적극 활용했다.

제로 징발했어요. '모집', '알선', '징용' 등으로 표현을 바꾸며 100만 명 이상의 사람들을 탄광, 비행장, 군수 공장, 철도 등 각종 건설 현장으로 끌고 가 노예처럼 부렸지요. 일제는 임금도 거의 지불하지 않고 일을 시키며 계약 기간이 끝나면 고향으로 돌려보내 주겠다고 노동자들을 안심시켰어요. 하지만 막상 계약 기간이 끝나도 돌려보내지 않고 학살하는 사례가 많았지요.

이삼석 등 세 사람은 경상남도 합천군 출신으로 1943년 3월 사할린에 강제 연행당해 온 사람들이다. …… 공사를 위한 기계 설비가 갖추어지지 않아서 모든 공사는 조선인을 사용한 인해 전술로 메워졌다. 겨울 공사는 8시부터 시작되었지만, 눈보라가 치면 1미터 앞도 보이지 않았으며, 땅의 표면이 얼어붙어 곡괭이 날이 튕겨져 나왔다. 여름 공사는 새벽 5시에 시작한다. 노동 시간도 마치 당연하다는 듯이 14시간 이상 중노동을 시켰다. …… 헌병은 지휘봉

■ **1940년대 일본령 사할린에 강제 동원된 한인 탄광 노동자** 광복 이후에도 4만 3000여 명의 동포들이 고국으로 돌아오지 못했다.

■ **홋카이도 탄광 강제 징용자들** 조선인 노동자들은 고된 노역과 영양실조로 갈비뼈가 앙상하게 드러날 정도로 고통받았다.

으로 구타했다. 그러다가 지휘봉이 부러지면 장화 발로 차고 짓이겼다. 노동이 격심한 데 비해 배고픔은 말도 못 할 정도였다. …… 임금은 거의 받지 못했다. 명령대로 일만 해 온 조선인들이 이대로 죽을 수 없다는 불만으로 작업복 지급, 이불을 늘려 줄 것, 음식 개선 등을 요구하며 항의하자 합숙소 측은 경찰을 불렀다. 경찰 소토이가 찾아와 "너희들, 무슨 짓을 하고 있느냐, 우리 나라는 지금 전쟁을 수행하고 있다는 것을 잊었느냐? 이 매국노들아!"라며 항의를 하던 사람들을 사무실로 끌고 가 무자비하게 구타했다.

　　　　　　　　　　　　　－《증언·사할린 조선인의 학살 사건》(하야시 에이다이)

　국가 총동원법이 남성들만 동원한 것은 아니었어요. 전쟁이 길어지자 일제는 일본군의 성 노예로 이용하기 위해 여성들까지 동원했지요. 처음에는 임의로 우리나라 여성을 동원하던 일제는 전쟁 막바지에 이르자 여자 정신 근로령을 만들어 발표하고 12세에서 40세까지 배우자가 없는 여성 수십만 명을 강제로 끌고 갔어요. 이들 중 일부는 군수 공장에서 혹독한 노동을 강요당했지만 상당수의 여성은 전쟁터로 끌려가 일본군 위안부로 희생되었답니다.

전쟁이 끝난 후 일본군은 자신들이 위안부에게 저지른 성범죄의 잔혹함이 세상에 알려질까 봐 두려웠어요. 그래서 자신들의 성욕을 해소하기 위해 이들을 짐승처럼 다루었던 것도 모자라 패전과 동시에 산 채로 땅에 묻거나, 자살을 강요했지요. 그나마 목숨을 건진 위안부는 전쟁터에 그대로 버려졌어요.

살아남은 위안부들은 대부분 전쟁 중 입은 정신적·육체적 상처로 인해 오랫동안 불행한 삶을 살았어요. 그러나 일본 정부는 배상은커녕, 제대로 된 사과조차 하지 않았지요. 오랜 세월이 흘러 이제는 할머니가 된 일본군 위안부 여성들은 1992년 1월 8일부터 매주 수요일마다 일본 대사관 앞에서 일본군 위안부에 대한 진상 규명과 일본 정부의 사과 그리고 배상을 촉구하는 시위를 계속하고 있어요. 수요 집회가 벌써 1000회를 훌쩍 넘었지만 일본은 아직도 모르쇠로 일관하며 자신들의 잘못을 인정하지 않고 있지요.

한편 일제는 사람뿐만 아니라 온갖 물자도 수탈했어요. 국가 총동원법을 바탕으로 쌀의 강제 공출과 식량 배급제를 실시했지요. 일제는 무기를 만드는 데 필요한 쇠붙이도 공출했는데, 고철과 구리 제품을 모으기 위해 절이나 교회의 종은 물론 학교의 철문, 쇠 난간, 농기구, 가마솥까지 닥치는 대로 빼앗아 갔답니다. 심지어는 집에서 쓰는 놋그릇과 숟가락, 젓가락까지 빼앗아 가 비행기와 총알 등을 만드는 데 활용했지요. 전쟁이 막바지에 다다를수록 그 정도가 심해져 우리 민족은 더 이상 견디기 힘들 정도의 고통을 겪어야만 했답니다.

민족 말살의 위기

황국 신민 서사를 암송하는 학생들 일제는 아동용과 성인용 황국 신민 서사를 만들어 일본어로 외우게 했다.

일제는 우리 민족을 일본군으로 징병한 뒤 일본군에 편성하면서 여러 가지를 고심해야 했어요. 독립을 요구하며 일제에 투쟁 의지를 불태우던 우리 민족이 일본군에게 총구를 들이댈까 봐 걱정되었기 때문이지요. 병참 기지화 정책을 실현하기에 앞서 우선 우리 민족의 강인한 민족정신을 말

살하고, 항일 투쟁을 철저히 탄압해 독립에 대한 의지를 없애야겠다고 생각한 일제는 강력한 민족 말살 정책을 추진하기 시작했어요.

일제는 우리 민족의 민족정신을 말살시키고 그 대신 황국 신민화 정책을 통해 일본인으로 동화시켜 '충성스럽고 선량한 황국의 신민'으로 만들려고 했어요. 아

이들은 물론 어른들까지 '날마다 충성스러운 황국의 신민이 되겠다.'는 황국 신민 서사를 일본어로 외워야 했지요.

1. 우리들은 대일본 제국의 신민입니다.
2. 우리들은 마음을 합해 천황 폐하에게 충의를 다해요.
3. 우리들은 인고단련하고 훌륭하고 강한 국민이 되겠어요.

일제는 본토의 왕궁이 있는 방향으로 고개를 숙여 절하는 궁성 요배를 강요하는 한편 우리나라 각지에 일본 왕족들을 신으로 모시는 신사를 지어 놓고 억지로 신사 참배를 하도록 강요했어요. 이를 거부하면 무자비하게 탄압했지요.

또한 일제는 우리 민족의 민족정신을 말살하고 우리나라에서 각종 자원을 착취하기 위해 내선일체를 외쳤어요. 이는 내지(일본)와 조선은 한 몸이라는 뜻이었지만 실제로는 식민 통치를 그럴듯하게 포장한 것에 불과했지요.

▌**황국 신민 서사가 새겨져 있는 돌** 황국 신민 서사는 1930년대 후반 중일전쟁이 시작되면서 민족말살정책의 하나로 내선일체·황국신민화 등을 강요하면서 일본제국주의가 암송을 강요한 글이다.

▌궁성 요배 일제는 일본 천황과 황실 숭배를 위해 일본 천황
이 사는 궁성이 있는 방향을 향해 고개 숙여 절을 할 것을 강요
했다.

▌신사 참배 일제는 우리나라 곳곳에 신사를 세우고 참배할 것
을 강요했다.

내선일체는 반도 통치의 최고 지도 목표이다. 내가 항상 역설하는 것은 내선일
체는 서로 손을 잡는다든가, 형태가 융합한다든가 하는 그런 미적지근한 것
이 아니다. 손을 잡은 것은 떨어지면 또한 별개가 된다. 물과 기름도 무리하게
혼합하면 융합된 형태로 되지만 그것으로도 안 된다. 형태도, 마음도, 피도,
육체도 모두 일체가 되지 않으면 안 된다.

– 〈내선일체론〉 (미나미)

1939년, 국민정신 총동원 조선 연맹에서 위와 같이 밝힌 미나미의 말에는 일본
인과 조선인을 완전히 일체시켜 우리나라 사람들의 마음속에서 조선인이라는 생
각과 조선인이라는 민족성 자체를 없애겠다는 강력한 의지가 엿보여요. 이후 일
제는 내선일체를 부르짖으며 내선일체라는 말을 새긴 비석을 전국 곳곳에 세웠어
요. 그리고 우리 민족의 정기를 끊기 위해 전국의 명산마다 쇠말뚝을 박았지요.

1938년부터 일제는 학교와 관공서 등에서 우리말의 사용을 금지하고 일본어
만 사용하게 했어요. 민족정신을 말살하는 방법 중에서 그 민족의 언어를 사용

하지 못하게 하는 것만큼 효과적인 것은 없다고 본 것이지요. 1940년에는 이미 친일 신문으로 변질되어 일제를 찬양하는 기사를 쏟아 내던 〈동아일보〉와 〈조선일보〉마저도 한글을 사용한다는 이유로 강제 폐간을 당했어요. 이처럼 일제는 한글을 사용하는 모든 신문과 잡지를 없애 버렸답니다.

　일제는 우리의 성(姓)과 이름도 일본식으로 바꾸도록 강요했어요. 이를 '일본식 성명 신고' 혹은 창씨개명이라고 해요. 여기서 '창씨'는 일본식으로 새로 성을 만드는 것을, '개명'은 일본식으로 이름을 바꾸는 것을 말해요. 일제는 창씨개명을 하지 않은 사람들에게 여러 불이익을 주며 강제로 창씨개명을 하도록 했어요.

- 창씨하지 않은 사람의 자제는 각급 학교의 입학, 진학을 거부한다.
- 창씨하지 않은 아동에 대해 일본인 교사는 이유 없이 질책하고 구타해 아동으로 하여금 부모에게 애원해 창씨하도록 한다.
- 창씨하지 않은 사람은 총독부 관계 기관에 일체 채용하지 않고 현직자도 점차 파면 조치한다.
- 창씨하지 않은 사람은 비국민 또는 불량한 조선인으로 단정해 사찰과 미행을 철저히 하고 필요시 우선적으로 징용 대상으로 하며, 식량 및 기타 물자의 보급 대상에서 제외한다.

　　　　　　　　－《군국 일본 조선 강점 36년사》(문정창)

내선일체가 새겨진 비석 내선일체는 '일본과 조선은 한 몸'이라는 뜻으로 1937년 일제가 전쟁 협력 강요를 위해 취한 조선 통치 정책이었으며, 이후 조선에 대한 일제 식민 정책의 표어였다.

▌창씨개명을 하기 위해 사람들이 경성부청 호적과에 줄을 서 있다.

일제는 창씨개명을 하지 않으면 학교에 다닐 수 없고, 관공서에 취직할 수도 없으며 식량과 물자 보급도 받을 수 없게 만들었어요. 그러자 일본식으로 이름을 바꾸는 이들이 점차 늘어났어요. 그렇지만 완전히 일본식으로 성을 바꾸는 사람은 매우 드물었답니다. 대개는 고향 이름을 따거나 장난으로 이름을 지었다고 해요. 성을 바꾸는 놈은 개자식이라 해서 '견자(犬子=개)'라고 창씨하는 사람도 있었지요.

한편 일제의 철저한 탄압과 강요로 인해 정해진 기한까지 창씨를 한 가구가 약 80퍼센트에 이르는 가운데 끝까지 개명하지 않고 우리의 성과 이름을 지킨 사람들도 있었답니다.

이처럼 1930~40년대에 일제의 수탈과 민족 말살 정책으로 인해 고통받았던 우리 민족은 민요인 신고산 타령을 개작해 삶의 고통을 노래로 표현했어요. 노래 가사 속에는 일제가 자행한 잔인한 정책들이 잘 드러나 있답니다.

신고산이 우루루 화물차 가는 소리에
지원병 보낸 어머니 가슴만 쥐어뜯고요.
어랑 어랑 어허야 양곡 배급 적어 콩깻묵만 먹고 사누나.

신고산이 우루루 화물차 가는 소리에

정신대 보낸 어머니, 딸이 가엾어 울고요.

어랑 어랑 어허야 풀만 씹는 어미 소 배가 고파 우누나.

신고산이 우루루 화물차 가는 소리에

금붙이 쇠붙이 밥그릇마저 모조리 긁어 갔고요.

어랑 어랑 어허야 이름 석 자 잃고서 족보만 들고 우누나.

— 일제 강점 말기에 각색되어 불린 신고산 타령

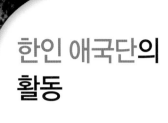

한인 애국단의
활동

　대한민국 임시 정부는 3·1 운동 이후 우리 민족을 대표하는 기관으로 설립되었다가 1920년대 후반 이후 그 활동이 침체되었어요. 이에 대한민국 임시 정부를 없애고 새로운 기관을 만들자는 의견도 있었지만, 우리 민족을 대표하는 기관으로서 정당성을 가지고 있던 만큼 쉽게 없애지는 못했지요.

　김구는 세력이 약화된 임시 정부를 끝까지 이끌었어요. 사람들의 관심에서 멀어지면서 독립 자금도 거의 지원이 끊겨 집세도 못 낼 정도로 처지가 악화되었지만 김구는 임시 정부를 포기하지 않았어요. 오히려 상황을 극복하기 위해 최소의 인원과 비용으로 최대의 효과를 내기 위한 방법을 모색했지요. 김구는 고민 끝에 의열 투쟁을 펼치기로 했어요. 한인 애국단이라는 의열 투쟁 단체를 만들고 이를 지휘하기 시작했지요.

　한인 애국단의 의거 활동 중 가장 대표적인 것은 이봉창의 의거와 윤봉길의 의거예요.

나는 마음에서 우러나오는 참된 정성으로 조국의 독립과 자유를 회복하기 위해 한인 애국단의 일원이 되어 적국의 수괴를 도륙하기로 맹세하나이다.

– 대한민국 13년 12월 한인 애국단 앞, 선서인 이봉창

1932년 1월 8일, •관병식을 마치고 마차에 올라 돌아가는 일본 천황의 행렬이 나타나자 군중 속에서 한 남자가 달려 나왔어요. 그러고는 천황이 탄 마차를 향해 수류탄을 던졌지요. 그러나 천황이 탄 마차를 정확히 구별하지 못한 데다 거리가 너무 멀어 기수와 근위병에게 부상을 입혔을 뿐, 천황을 죽이는 데는 실패했어요. 갑작스러운 폭발로 그 일대가 아수라장이 되었을 때 폭탄을 던진 남자가 품 안에 숨겨 두었던 태극기를 꺼내며 외쳤어요.

"대한 독립 만세! 대한 독립 만세! 대한 독립 만세!"

도망가기는커녕 당당히 대한 독립 만세를 외치던 남자는 곧바로 일본 경찰에 체포되었어요. 그가 바로 한인 애국단의 이봉창이었답니다. 이봉창은 일본 경찰을 향해 "나는 한인 애국단원으로, 단의 사명을 받들어 왜의 임금을 암살하려고 왔을 뿐이다."라고 폭탄을 던진 이유를 설명했어요. 그리고 다른 심문에는 일절 대답하지 않았지요. 일본 경찰들이 심문할 때마다 오히려 "나는 너희들의 임금을 상대로 하는 사람인데 너희 쥐새끼 같은 놈들이 왜 나에게 무례한 짓을 하는 것이냐!"라고 호통을 쳤

▌**이봉창(1900~1932)** 1932년 1월 8일 도쿄 사쿠라다몬에서 관병식을 마치고 돌아오는 일본 천황 히로히토(裕仁)에게 수류탄을 던졌으나 실패하고 검거되어 순국했다.

관병식 지휘관이 군대를 사열하는 의식

다고 해요. 이봉창은 비공개 재판에서 사형을 언도받고 일제의 형무소에서 순국했어요. 그런데 이봉창의 의거는 예상치 못한 데서 큰 파문을 일으켰어요. 중국의 각 신문들이 이 사건을 대서특필하며 '천황이 불행히 맞지 않았다.'라는 표현을 사용해 이봉창이 천황을 제거하지 못한 것에 대한 안타까움을 드러낸 거예요. 당시 중국은 일제가 일으킨 만주 사변으로 반일 감정이 매우 높은 상태였어요. 그러던 차에 이봉창의 의거 소식이 들리자 크게 공감한 것이지요. 그러나 일제는 이 사건을 자국에 유리하게 이용했어요.

당시 만주 사변에 대한 국제적 여론이 악화되자 다른 데로 관심을 돌리고 싶었던 일제는 중국의 반일 태도를 트집 잡아 중국의 신문사들을 공격하고 군대를 동원해 상하이를 침략했어요. 그러고는 1932년 4월 29일, 천황의 생일인 천장

∎ 김구(1876~1949)

군의 목숨은 머지않아 이 세상을 떠날 것이다. 나는 조국의 광복과 자유를 위해 위대한 희생자가 되려는 군에게 혁혁한 성공이 길이길이 군과 함께 머물러 있기를 충심으로 비는 바이다. 단지 최후로 군에게 한마디 하고 싶은 것은 우리의 적은 왜놈뿐이니 오늘 이 일을 실행함에 있어서는 어디까지나 신중히 해야 할 것이고 결코 왜놈 이외의 각국 인사에게 해를 가하지 않도록 해 달라는 것이다. 자! 폭탄 두 개를 주니 한 개로는 적장을 거꾸러뜨리고 또 한 개로는 그대의 목숨을 끊으라! 군이여! 군과 나는 지하에서나 만나세!

삼가 가르침을 준수하겠나이다. 바라옵건대 선생께서는 겨레를 위해서 몸을 삼가시고 끝까지 분투하옵소서.

▌윤봉길(1908~1932)

절을 맞아 훙커우 공원에서 상하이 점령 축하 기념식을 치르기로 했지요. 이 소식을 들은 윤봉길은 김구와 함께 거사를 준비했어요.

▌**윤봉길 의사의 의거 기록화** 1932년 4월 29일, 훙커우 공원에서 열린 상하이 점령 축하 기념식에서 윤봉길은 힘차게 폭탄을 던졌고, 일본군 육군 대장이 그 자리에서 숨졌다. 윤봉길은 현장에서 체포되었다.

김구와 눈물로 작별한 윤봉길은 그 길로 기념식이 열리는 홍커우 공원으로 향했어요. 그의 손에는 폭탄이 장치되어 있는 군용 물병과 도시락이 들려 있었지요. 윤봉길은 힘차게 폭탄을 던졌고, 이 폭탄으로 인해 일본군 육군 대장이 그 자리에서 숨졌어요. 그 밖의 일본 고위 관료 여러 명도 치명적인 부상을 입었지요. 전쟁의 승리에 도취해 있던 일제는 큰 충격에 빠졌어요. 하지만 안타깝게도 윤봉길은 현장에서 잡혀 그해 12월에 일본에서 순국하고 말았답니다.

이 소식을 들은 중국의 장제스는 '중국의 100만 대군도 해내지 못한 일을 한국 용사가 단행했다.'라며 윤봉길의 의거를 높이 평가했어요. 그동안 우리나라의 독립운동에 대해 냉담한 반응을 보이던 중국인들은 이 의거에 큰 감동을 받고 우리나라의 독립운동에 호의적인 태도를 보이기 시작했어요. 중국 정부는 대한민국 임시 정부에 적극적인 지원을 약속하며 우리 민족이 중국 영토 내에서 무

▌거사를 치르기 전 윤봉길 의사가 태극기 앞에서 맹세를 하고 있다.

▌윤봉길 의사가 거사를 치렀던 훙커우 공원에 윤봉길의 기념관이 있다.

장 독립 전쟁을 전개할 수 있도록 승인해 주었어요. 이는 이봉창 의사와 윤봉길 의사의 희생으로 이루어 낸 커다란 성과였지요.

> 강보에 싸인 두 아들, 모순과 담에게.
> 너희도 만일 피가 있고 뼈가 있다면 반드시 조선을 위해 용감한 투사가 되어라. 태극의 깃발을 높이 드날리고 나의 빈 무덤 앞에 찾아와 한 잔의 술을 부어 놓아라. 그리고 너희들은 아비 없음을 슬퍼하지 말아라. 사랑하는 어머니가 있으니……
>
> 고향에 계신 부모 형제 동포여 더 살고 싶은 것이 인정입니다. 그러나 죽음을 택해야 할 오직 한 번의 가장 좋은 기회를 포착했어요. 백 년을 살기보다 조국의 영광을 지키는 이 기회를 택했어요.
> 안녕히, 안녕히들 계십시오.

윤봉길이 의거를 앞두고 어린 자식들과 고향의 가족 및 동포에게 남긴 유서예요. 두 아이의 아버지이자 부모님의 아들로서 평범한 사람이었던 윤봉길은 험난한 시대 상황 속에서 나라를 위해 기꺼이 목숨을 바치는 영웅의 길을 선택했어요.

계속되는
항일 무장 투쟁

    1931년에 일제가 만주 일대를 침략하고 만주국을 세우면서 만주에서 독립군이 활동하는 데 큰 차질이 생겼어요. 하지만 때마침 이봉창과 윤봉길의 의거로 중국이 우리 민족의 무장 독립 투쟁에 우호적인 태도를 보이기 시작하자, 독립군은 중국군과 손을 잡고 한·중 연합 작전을 전개했지요. 양세봉이 이끌던 조선 혁명군은 중국 의용군과 힘을 합해 영릉가 지역에서 치열한 전투를 벌인 끝에 일본군을 격파했어요. 그러나 후에 일제가 양세봉을 살해하자 조선 혁명군의 세력은 점차 약화되었지요. 지청천이 이끄는 한국 독립군도 중국군과 연합해 쌍성보 전투와 대전자령 전투 등에서 일본군을 크게 격파했어요. 그러나 일제의 공격이 거세지면서 만주 지역에 있던 많은 독립군들은 점차 중국 정부가 관할하는 지역 내로 이동해야만 했어요. 사회주의 세력 중 일부만 만주 지역에 남아 항일 유격 활동을 이어 갔지요.

    한편 의열단을 이끌던 김원봉은 중·일 전쟁이 시작되자 중국 정부의 지원을 받으며 조선 의용대를 조직했어요. 조선 의용대는 중국 관할 지역에서 만들어진 최초의 무장 부대로, '항일 전쟁 참전'과 '일본군 타도'를 기치로 내걸고 중국 국민당과 함께 무장 투쟁을 전개했지요. 조선 의용대는 주로 정보 수집과 포로 심문, 후방 교란 등의 역할을 담당했는데, 이러한 활동에 대해 중국군의 뒷바라지나 하는 소극적인 활동이라며 불만을 품는 의용대원들이 많았어요. 그들은 좀 더 적극적으로 항일 투쟁에 뛰어들고 싶어, 중국 공산당의 주력군이던 팔로군과 일본군이 치열하게 싸우고 있던 화베이 지방으로 이동했어요.

화베이 지방에 도착한 조선 의용대원들은 조선 의용군을 새로이 결성하고는 '항일을 원하는 노동자, 농민, 각계 인사와 연합해 화베이에 거주하는 20만 동포의 권익을 위해 분투한다.'라는 내용의 선언문을 발표했어요. 그리고 무장 선전대를 조직해 일제가 내세우던 내선일체와 대동아 민족 해방 전쟁의 허구성을 폭로했지요.

1941년 7월부터 약 1년 동안 조선 의용군은 한·중·일 세 나라의 문자로 작성

┃**조선 의용대** 학병, 징병 등으로 끌려갔다가 탈출한 한국 병사들을 환영하고 있다.

┃**담장에 표어를 쓰는 조선 의용군** 중국과 한국 두 민족이 힘을 합해 일본을 타도하자는 내용이다.

한 230여 종의 전단 약 12만 장과 만화 3만 장을 일본군 점령 지역에 뿌리는 한편 약 1400개의 구호를 담벼락에 붙였어요. 전사한 일본군들의 품 안에는 영락없이 조선 의용군의 전단이 있을 정도로 그들의 선전 활동은 대범하게 이루어졌지요.

한편, 조선 의용대 대다수가 화베이 지방으로 올라간 뒤 김원봉을 비롯한 일부 세력은 대한민국 임시 정부가 창설한 한국광복군에 합류해 힘을 실어 줬어요.

대한민국 임시 정부는 일본군이 상하이를 점령한 이후 일본군을 피해 중국 각지로 근거지를 찾아 이동했어요. 그러다가 1940년에 충칭에 정착해 조직과 체제를 대대적으로 정비했지요. 임시 정부는 한국광복군을 창설하고 연합국의 일원으로 항전할 것을 다짐했어요.

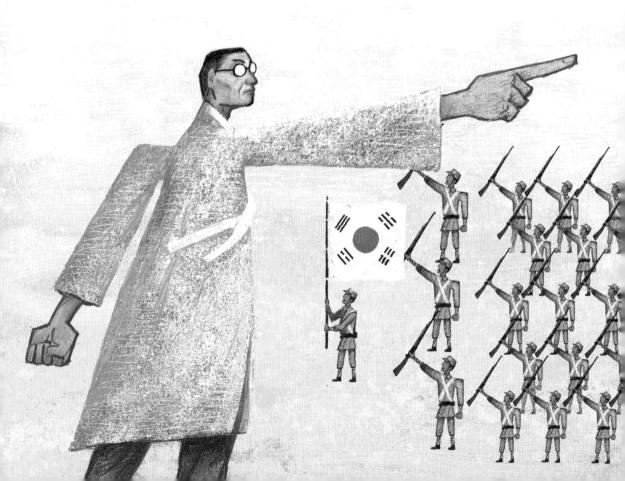

블라디보스토크

베이징

경성

동해

황해

→ 임시 정부 이동로

난징(1937)

한구

상하이(1919)

충칭(1940)

항저우(1932)

치장

창사

구이양

형양

류저우
(1938)

광저우

▌**대한민국 임시 정부의 이동 경로** 이봉창, 윤봉길 의사의 의거 이후 일제의 감시와 박해가 심해지자 대한민국 임시 정부는 항저우, 난징, 창사, 광저우 등의 중국 각지를 전전했다.

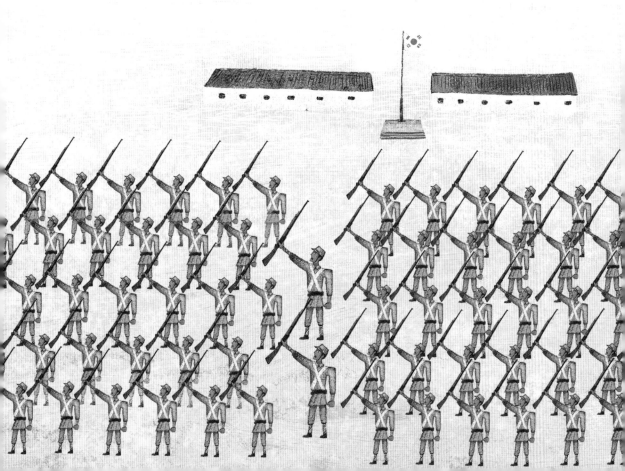

한국광복군은 중화민국 국민과 합작해 우리 두 나라가 독립을 회복하고자 공동의 적인 일본 제국주의자를 타도하기 위해 연합군의 일원으로 항전을 계속한다.

− 한국광복군 선언문

1941년에 일제가 태평양 전쟁을 일으키자 대한민국 임시 정부는 곧바로 일제에 선전포고를 했어요. 그리고 1942년에 김원봉이 이끌던 조선 의용대 일부가 합류하면서 한국광복군의 군사력은 크게 강화되었지요. 한국광복군은 항일 전투 참전을 비롯해 다양한 활동을 전개했어요. 영국군의 요청으로 인도, 미얀마 전선에 투입되어 일본군을 상대로 한 회유 방송과 일본군 문서 번역, 정보 수집, 포로 심문 등의 활동을 수행하기도 했지요. 그 밖에도 일본군에 강제로 편입되어 중국 등지의 전선에 배치되어 있던 우리 청년들을 광복군으로 복귀시키는 큰 성과도 거두었답니다.

그러나 이러한 활동은 직접적으로 일제와 맞서 싸우는 것이 아니었어요. 때문에 당시 임시 정부를 이끌던 김구는 자주독립을 달성하기 위해서는 우리 민족의 힘으로 일제의 항복을 받아 내야 한다고 생각했지요. 김구는 미국의 전략 정보국인 OSS와 협약을 맺고 특수 공작 훈련을 실시하며 국내 진공 작전을 준비했어요. 특수 훈련을 받은 한국광복군을 국내로 잠입시켜 중요 지역을 공격하고 점령한 뒤 일제로부터 항복을 받아내 우리 민족의 힘으로 독립을 달성하려는 계획이었지요. 그러나 한국광복군이 국내 진공 작전을 실행으로 옮기기 직전, 일제가 갑작스럽게 연합군 측에 항복을 하는 바람에 안타깝게도 이 계획은 실현되지 못했답니다.

인도로 파견된 한국광복군 한국광복군은 영국군의 요청으로 인도 전선에 투입되어 항일 활동을 수행했다.

한국광복군의 훈련 모습 1942년 김원봉이 이끌던 조선 의용대 일부가 합류하면서 한국광복군의 군사력은 크게 강화되었다.

내게는 이것이 기쁜 소식이라기보다는 하늘이 무너지고 땅이 꺼지는 일이었다. 수년 동안 애를 써서 참전을 준비한 것도 모두 허사로 돌아가고 말았다. …… 가장 걱정되는 일은 우리가 이번 전쟁에서 한 일이 없기 때문에 장래에 국제 간의 발언권이 약하다는 것이다.

— 《백범일지》(김구)

일제의 항복 소식을 들은 김구는 이렇게 탄식하며 광복 이후 우리나라의 상황을 우려했어요. 안타깝게도 김구의 우려는 현실이 되고 말았지요.

중·일 전쟁과
태평양 전쟁

1937년 7월 7일, 중국 베이징 남서쪽에 위치한 루거우차오라는 작은 도시에서 몇 발의 총소리가 들렸어요. 그리고 다리 근처에서 야간 훈련을 하고 있던 일본군 병사 중 한 명이 행방불명되었지요. 사실 그 일본군 병사는 용변을 보던 중이었고, 얼마 후 바로 복귀했지만 일본군은 중국군에게 사격을 받았다며 다음 날 새벽에 루거우차오를 무력으로 점령했어요. 일제는 이 사건을 계기로 전쟁을 확대하고 중·일 전쟁에 돌입했어요. 이에 중국에서는 그동안 사이가 좋지 않았던 국민당과 공산당이 손을 잡고 적극적으로 항일 운동을 전개했지요.

일본군은 중국의 수도인 난징을 함락하고 전례가 없는 대학살을 자행했어요. 중국군은 물론 민간인까지 닥치는 대로 죽이고 수만 명의 여성을 욕보였지요. 외국의 선교사와 언론인들이 일본군의 만행을 증언하며 서양인과 함께 중국인들을 구하기 위해 노력했어요. 하지만 6주 넘게 계속된 이 학살로 인해 약 30만 명이 목숨을 잃었답니다.

이 사건으로 인해 중국인들의 항일 의지는 불타올랐어요. 중국군이 수도까지 옮겨 가며 끈질기게 저항하면서 전쟁은 장기간에 걸친 소모전으로 바뀌었지요. 여기에 미국이 일제를 비판하며 중국에서의 철수를 요구하고 나섰어요. 일제에 대한 철강 및 석유 수출 금지령을 내리고 일제에 큰 타격을 주었지요.

1940년, 위기에 몰린 일제에게 독일군이 프랑스와 네덜란드를 함락했다는 소식이 전해졌어요. 동남아시아의 풍부한 자원으로 중국과의 전쟁을 유리하게 이끌고자 했던 일본군은 동남아시아 지역으로 진격한 뒤, 독일, 이탈리아와 동맹을 맺었어요. 그리고 계속해서 중국에서의 철수와 동맹 파기를 요구하는

태평양 전쟁 미국이 원자 폭탄을 히로시마와 나가사키에 각각 한 발씩 투하하자, 일제는 결국 포츠담 선언을 수락했고 태평양 전쟁은 끝났다.

미국과 전쟁을 치르기로 결정하고, 하와이의 진주만을 기습 공격해 태평양 전쟁을 일으켰지요.

그러나 미국은 태평양의 여러 섬들을 차례로 점령하면서 일제를 압박하기 시작했어요. 이탈리아와 독일이 차례로 연합국에 항복하면서 홀로 남게 되었지만 일제는 끝까지 전쟁을 중단하지 않았어요.

1945년 7월 26일에 미국, 중국, 영국, 소련이 참여한 포츠담 회의의 선언문이 발표되었지만 일제는 여전히 패배를 인정할 수 없다며 버텼어요. 그러자 미국은 신무기인 원자 폭탄을 히로시마와 나가사키에 각각 한 발씩 투하했고, 두 도시는 한 순간에 폐허로 변하고 말았어요. 그해 8월 8일에 소련군이 만주 지역으로 진격하면서 일제는 결국 포츠담 선언을 수락했어요. 그때에야 비로소 태평양 전쟁은 끝이 났답니다.

4장

민족 문화 수호 운동

일제는 오랜 역사와 문화를 자랑하는 우리 민족을 효과적으로 지배하기 위해 갖은 방법을 동원했어요. 우리 민족을 충성스러운 황국 신민으로 만들기 위해 우민화 교육을 실시하는가 하면, 역사를 왜곡해 한국사의 자율성과 발전성을 무시하는 식민 사관도 만들어 냈지요. 우리 민족은 일제에 맞서 민족정신과 고유문화를 수호하기 위해 다양하게 노력했어요. 이제부터 우리 민족이 민족 문화를 수호하기 위해 어떤 노력을 기울였는지 구체적으로 살펴보도록 해요.

일제의 역사 왜곡과
한국의 역사학자들

　일제는 우리나라를 식민지로 만들기 전부터 자신들의 침략 행위를 합리화하기 위해 우리의 역사를 왜곡해 왔어요. 우리 역사의 어둡고 부정적인 측면만을 강조해 우리 민족의 열등감을 조장하고, 식민 통치를 순순히 받아들이게 하려는 의도였지요.

　일제는 한국사를 왜곡하고 말살하기 위해 1916년부터 조선반도사편찬위원회를 운영했어요. 후에 이 기구는 조선사편찬위원회, 조선사편수회 등으로 명칭을 바꾸며 타율성론, 정체성론, 당파성론 등의 식민 사관을 만들어 확산시키는 역할을 했지요.

　일제는 타율성론을 설명하기 위해 단군 조선을 부정하고, 삼국 시대에 일제가 우리나라의 남부 지역을 식민 지배했다는 임나일본부설을 거짓으로 지어냈어요. 우리 민족에게 '너희는 늘 다른 나라의 지배를 받아 왔고, 그래서 지금도 일본의 지배를 받는 것이다. 그러니 일본의 지배를 받아들여라.' 라는 식의 주장을 하고 싶었던 것이지요.

한국사는 그동안 스스로 발전하지 못하고 항상 외세의 간섭을 받아 왔다. 역사의 시작은 기자, 위만, 한 군현 등 중국의 지배를 받았고, 삼국 시대에는 일본이 남부 지역에 진출해 일본의 지배를 받았다. 이는 나라가 반도에 위치해 있기 때문에 대륙 세력과 해양 세력의 간섭을 받을 수밖에 없는 운명이었다.

우리 역사의 발전이 정체되어 있었다고 주장하는 다음 이론은 정체성론이에요. '한국사의 발전이 정체되어 있었는데, 발전한 일본의 지배를 받으면서 한국사가 발전했다. 그러므로 식민 지배를 오히려 고마워해야 한다.'라는 식으로 우리나라에 대한 식민 지배를 합리화하는 이론이지요.

한국사는 제대로 발전하지 못하고 정체되어 있다. 왕조 교체를 되풀이하긴 했지만 단순한 왕조 교체일 뿐, 사회적·경제적으로는 발전해 나가지 못했다. 또한 근대 사회로 발전하기 위해 반드시 거쳐야 하는 봉건 사회의 단계마저도 거치지 못했다. 19세기 말이나 20세기 초 한국의 사회적·경제적 발전 단계는 일본의 10세기경의 수준에 해당할 정도로 지체되어 있었다.

조선 시대의 붕당 정치를 당파 싸움으로 규정하고 우리의 역사를 깎아내리려한 당파성론은 붕당 정치의 건전하고 합리적인 면은 모두 무시하고 오로지 말기에 변질된 모습만 부각해 원래부터 그런 것인 양 치부하고 있어요.

조선 시대의 정치는 사적인 이해관계가 대립하고 충돌한 당쟁의 역사이다. 이당파 싸움으로 인해 결국 조선이 망한 것이다. 그런데 이 당파성은 한국인의 민족성으로, 한국인들은 여럿이 모이면 편을 갈라 싸우기 때문에 서로 단결하지 못한다.

이처럼 일제가 한국사 왜곡에 매달린 이유는 '한민족은 오랜 시간 사회적·경제적 발전을 이루지 못한 채 분열과 당파 싸움만 거듭하던 열등한 민족으로, 스스로 발전할 능력이 없어 늘 남의 침략을 받아 왔다. 일본이 조선을 식민 지배하는 것은 조선을 보호하고 근대화시키기 위한 것이므로 일본의 식민 지배를 거부할 것이 아니라 오히려 은혜이자 축복으로 받아들이며 고마워해야 한다.'라는 논리를 세워 식민 통치의 기반을 다지기 위해서였어요. 물론, 우리 민족은 이에 반발하고 저항했지요. 그래서 당시 우리나라의 역사 연구는 일제의 식민 사관에 대응하는 방식으로 진행되었답니다.

민족주의 역사학자들은 일제의 식민 사관에 맞서 국민들의 민족정신을 고양시키고 독립을 위한 사상적·역사적 기반을 마련하기 위해 앞장섰어요. 이들은 일제가 내세운 타율성론과 정체성론 등을 비판하며 우리 문화의 우수성과 독창성을 강조하는 한편, 우리 민족이 자주적으로 발전해 왔다고 주장했어요. 박은식과 신채호는 대표적인 민족주의 역사학자로, 민족주의 역사학의 기초를 확립하기 위해 노력했을 뿐 아니라 독립투사로서 일제에 맞서 적극적인 독립운동을 전개했답니다.

▌박은식(1859~1925) 활발한 항일 운동을 전개한 박은식은 대한민국 임시 정부의 제2대 대통령을 역임했다.

옛 사람이 이르기를 나라는 멸할 수 있으나 역사는 멸할 수 없다고 했으니, 그것은 나라는 형(形)이고 역사는 신(神)이기 때문이다. 이제 한국의 형체는 허물어졌으나 정신만이 독존할 수는 없는 것인가. 이것이 통사를 저작하는 이유이다. 신이 보존되어 멸하지 아니하면 형은 부활할 시기가 있을 것이다.
― 《한국통사》(박은식)

▌박은식은 일제가 주권을 빼앗는 과정을 정리한 《한국통사》(좌)와 우리 민족의 독립운동 과정을 정리한 《한국독립운동지혈사》(우)를 썼다.

박은식은 일제가 주권을 빼앗는 과정을 정리한 《한국통사》라는 책의 서문에서 이와 같이 말했어요.

비록 나라가 망해 식민지가 되었더라도 우리의 민족정신만 잘 지키면 빼앗긴 나라를 다시 되찾을 수 있다고 생각했지요. 실제로 유대 인의 경우 2000년 이상 나라 없이 세계 곳곳을 떠돌았지만 자신들의 종교와 역사를 바탕으로 민족의 정체성을 잃지 않았고, 결국 제2차 세계 대전 이후 이스라엘이라는 나라를 건국하는 데 성공했어요. 박은식은 국가나 민족의 흥망은 민족정신인 '혼(魂)'에 달려 있다고 보고 나라가 망해도 역사가 담긴 혼만 살아 있다면 언젠가는 독립을 할 수 있다고 믿었어요. 그래서 《한국통사》와 함께 우리 민족의 독립운동 과정을 정리한 《한국독립운동지혈사》라는 역사책도 저술했지요. 한국독립운동지혈사는 '한국 독립운동의 피나는 역사'라는 뜻으로, 이 책에는 우리가 민족정신을 지키고 독립운동을 활발히 전개한다면 반드시 일제를 몰아내고 독립을 되찾을 수 있다는 박은식의 뜻이 잘 담겨 있답니다.

내가 지금 각 학교 교과용 역사를 보건대 가치가 있는 역사가 거의 없다.

1장을 보면 우리 민족이 중국 민족의 일부분인 듯하고, 2장을 보면 우리 민족이 선비족의 일부분인 듯하며, 끝까지 읽어 보면 때로는 말갈족의, 때로는 몽고족의, 때로는 여진족의, 때로는 일본족의 일부분인 듯하다. 오호라, 과연 그렇다면 우리 수만 리의 토지가 이들 오랑캐들의 아수라장이며, 우리 4000여 년의 산업이 수시로 바뀐 다른 민족들의 경매물이라 할지니, 어찌 그렇다고 할 것인가?

즉, 고대의 불완전한 역사라도 이를 상세히 살피면 단군 후예의 발달한 실제 자취가 뚜렷하거늘 무슨 까닭으로 우리 선조들을 헐뜯음이 이에 이르렀는가.

－《독사신론》(신채호)

▌신채호(1880~1936) 일제가 왜곡한 고대사 연구에 주력했으며, 이러한 역사 연구는 한국 고대사 연구의 기초를 다지고 민족정신과 독립 사상을 높이는 데도 크게 기여했다.

신채호는 민족주의 역사학의 기본을 확립한 인물로, 근대 민족 사학의 토대를 마련했어요. 《이순신전》이나 《을지문덕전》 등 나라를 구한 인물들의 위인전을 집필해 우리 민족의 애국심을 고취하기도 했지요. 일제가 왜곡한 고대사 연구에 주력했던 신채호는 고대사 연구를 통해 우리 민족의 고유한 문화적 전통과 주체성을 살려 낸다면 나라를 되찾을 수 있을 것이라고 생각했어요. 신채호의 이러한 역사 연구는 한국 고대사 연구의 기초를 다졌을 뿐아니라 우리 민족의 민족정신과 독립 사상을 높이는 데도 크게 기여했답니다.

민족주의 역사학자들이 우리 역사의 우수성과 독창성 등을 강조하며 우리 역사를 이끌어 가는 민족정신을 강조한 반면, 사회 경제 역사학자들은 세계사의 보편성을 바탕으로 한국사의 발전 과정을 체계화하려고 노력했어요. 경제학자이자 정치가였던 백남운은 우리의 역사도 마르크스가 제시한 인류 역사의 보편적인 법칙에 따라 발전해 왔다고 주장하며 한국사의 특수성만을 강조하면 오히려 식민 사관을 제대로 극복할 수 없다고 했어요. 그러면서 《조선사회경제사》와 《조선봉건사회경제사》 등을 저술해 일제가 조작한 정체성론과 타율성론에 맞서 우리 역사를 보편적인 발전 법칙에 따라 설명했지요. 특히 《조선봉건사회경제사》를 통해서는 일제가 조작한 '한국사는 봉건 사회의 단계를 거치지 못하고 발전이 정체되어 있다.'라는 정체성론의 핵심 주장을 극복해 냈어요.

　실증주의 역사학자들은 개별적인 사실을 객관적으로 밝히는 것을 목적으로, 실증을 통해 한국사를 연구하려 했어요. 이들은 '사실에 충실한 있는 그대로의 서술을 강조한' 독일의 역사학자인 랑케의 이론에 따라 사실을 사실대로만 파악하기 위해 노력했지요.

　한편 이병도, 손진태 등의 역사학자들은 일본의 학자들이 연구하던 한국사를 한국 학자들의 힘으로 연구하고 발표하기 위해 진단 학회를 만들고, 〈진단 학보〉를 발간하기도 했답니다.

한글 사전 편찬과
항일 시 발표

조선어 학회 회원들 1935년 조선 표준어 사정 회의 때 찍은 사진이다.

　일제가 우리말과 글을 없애 우리의 민족 정신을 말살하려는 정책을 추진하자 우리나라의 국어학자들은 한글을 갈고 닦아 널리 보급하기 위해 노력했어요.

　1921년에는 주시경의 제자들을 중심으로 우리말을 정확히 연구하고 발전시키기 위해 조선어 연구회가 조직되었어요. 조선어 연구회는 1926년에 훈민정음 반포 480주년을 맞아 '가갸날'을 제정하고, 이듬해에는 〈한글〉이라는 잡지를 발간했어요. 그 밖에도 연구 발표회와 강연회를 여는 등 한글 연구와 보급을 위해 다양한 활동을 했지요. 조선어 연구회는 이후 조선어 학회와 한글 학회로 확대, 개편되어 한글 연구와 보급에 더욱 힘쓰는 한편 '한글 맞춤법 통일안'과 '표준어 및 외래어 표기법' 등을 제정해 한글의 표준화에 크게 기여했어요. 그리고 우리말 사전인

《큰사전》을 편찬할 것을 계획했어요.

일제가 민족 말살 정책을 펼치며 조선어 교육을 단계적으로 폐지하고, 독립운동가들을 언제든 잡아들일 수 있는 법령을 만들어 발표하자, 조선어 학회는 《큰사전》의 편찬 작업을 서둘렀어요. 그러던 중 1942년에 함흥 영생 고등여학교의 학생인 박영옥이 기차 안에서 친구들과 우리말로 이야기를 나누다가 경찰의 취조를 받는 사건이 발생했어요. 사용을 금지한 우리말을 썼다는 것이 취조의 이유였지요. 일제는 여학생들의 은사이자 조선어 학회에 소속된 정태진이 학생들에게 민족주의적 감화를 주었다고 판단하고 정태진을 연행했어요. 그리고 학술 단체를 가장해 독립운동을 벌였다는 죄목으로 수많은 조선어 학회 회원들을 구속하고, 모진 고문을 가했지요. 이때 2만 6500여 장에 달하는 《큰사전》의 원고도 모두 압수당하고 말았어요. 사전 편찬은 중단될 수밖에 없었지요.

광복 이후 조선어 학회 회원들은 일제에 압수당했던 《큰사전》의 원고를 찾아 나섰어요. 당시 원고는 경성역(지금의 서울역)에 갈 곳 없이 쌓인 화물들 중 수취

▎《조선말 큰사전》 1947년에 나온 첫째 권의 표지이다.

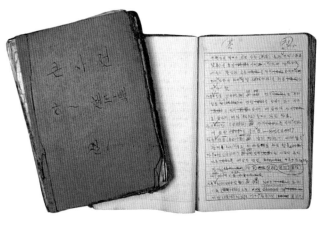

▎《큰사전》의 원고 조선어 학회가 사전 편찬을 위해 1929년부터 1942년까지 작성한 원고이다.

인이 '고등 법원'으로 된 상자 속에 들어 있었어요. 1942년에 벌어졌던 조선어 학회 사건의 증거물로 압수당한 원고가 서울 고등 법원이 상고를 기각하면서 경성역 창고에 방치되어 있었던 거예요.

이 원고를 쉽사리 찾게 될 때 20여 년 동안 쌓은 노력이 헛되이 돌아가지 않음은 신명의 도움이라 하지 않을 수 없으매 이 원고 상자의 뚜껑을 여는 이의 손은 떨리었다. 원고를 손에 드는 이의 눈에는 눈물이 어리었다.
— 김병제의 '조선어 사전 편찬 경과', 〈자유 신문〉

광복 이후 다시 결성된 한글 학회는 조선어 학회의 《큰사전》 편찬 작업을 이어받아 1947년에 첫 권을 발간한 데 이어 1957년까지 총 1책 6권을 완간했어요. 처음 펴낸 1, 2권은 《조선말 큰사전》이라는 책 이름에 지은이는 조선어 학회였지만 이후에 출간된 책은 한글 학회가 펴낸 《큰사전》으로 책의 이름과 지은이가 모두 변경되었지요. 한글 학회는 오늘날까지도 명맥을 유지하며 한글 연구를 위해 노력하고 있답니다.

국어학자들과 한글 학회가 잡지 발간과 사전 편찬 노력으로 한글 보존과 연구에 힘썼던 반면 문학가나 지식인들은 시로 일제에 대한 저항의식과 광복의 염원을 표출했어요.

님은 갔습니다. 아아, 사랑하는 나의 님은 갔습니다.
……
우리는 만날 때에 떠날 것을 염려하는 것과 같이 떠날 때에 다시 만날 것을 믿습니다.
아아, 님은 갔지마는 나는 님을 보내지 아니하였습니다.
제 곡조를 못 이기는 사랑의 노래는 님의 침묵을 휩싸고 돕니다.
— 〈님의 침묵〉(한용운)

▌《님의 침묵》의 표지

이 시에서 '님'은 여러 가지 의미로 해석되지만 한용운이 애국지사였던 만큼 '님'을 일제에 빼앗긴 나라로 보기도 해요. 나라에 대한 사랑과 빼앗긴 나라를 다시 되찾겠다는 다짐을 시로 표현했다고 이해할 수 있지요.

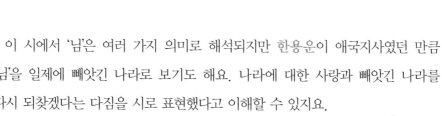

이상화는 '빼앗긴 들에도 봄은 오는가'라는 시에서 일제의 식민 지배에 신음하고 있던 조국의 암담한 현실을, 심훈은 '그날이 오면'이라는 시에서 조국의 광복을 바라는 열망을 노래했어요.

그날이 오면 그날이 오면은
……
나는 밤하늘에 날으는 까마귀와 같이
종로의 인경을 머리로 들이받아 울리오리다.
두개골은 깨어져 산산조각이 나도
기뻐서 죽사오매 오히려 무슨 한이 남으오리까.

－ '그날이 오면'(심훈)

▌ 심훈(1901~1936) 〈상록수〉 등을 쓴 소설가이자 영화인으로 3·1 운동에 참가하여 복역했으며 상하이로 건너가 망명 생활을 했다.

시인이 얼마나 조국의 광복을 간절히 바라는지 읽기만 해도 절절하게 느껴지지요? 하지만 안타깝게도 한용운과 이상화 그리고 심훈은 모두 그토록 염원하던 광복을 맞이하지 못하고 눈을 감았답니다.

1930년대에는 일제의 탄압으로 인해 *예술 지상주의 현상이 나타났어요. 현실을 외면한 순수 문학 작품이 많이 등장했지요. 일제를 찬양하는 친일 문학 활동을 한 작가들도 많았어요. 하지만 이

예술 지상주의 예술 자체를 최고의 목적으로 여기는 사상이나 태도

러한 상황에서도 광복에 대한 희망을 노래한 작가들이 존재했어요. 1930년대의 이육사, 1940년대의 윤동주는 일제에 대한 적극적인 저항 의식을 표출하며 민족의식을 일깨우는 역할을 했지요.

이육사의 본명은 이원록이에요. '이육사'는 대구 형무소에 수감되었을 때 수감 번호가 264번이었던 데에서 따 온 것이지요. 언론 활동을 통해 민족의 독립 의식을 고취시키려 한 탓에 이육사는 여러 차례 체포되어 고초를 겪어야만 했어요. 그런데도 일제의 탄압에 굴하지 않고 베이징과 서울을 오가며 독립운동을 계속하다가 결국은 서울에서 체포되었지요. 베이징 주재 일본 총영사관 감옥으로 압송된 이육사는 그곳에서 광복 직전인 1944년에 눈을 감았어요.

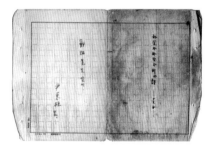

▌윤동주 시비(상)와 《하늘과 바람과 별과 시》의 원고(하)이다.

우리나라 사람들이 애송하는 시인 〈서시〉의 작가, 윤동주는 일제 강점 시대 말기를 대표하는 시인이에요. 암울한 현실을 자아성찰을 통해 극복하려 한 윤동주는 1941년에 연희 전문학교를 졸업한 기념으로 자작시 19편을 모아 《하늘과 바람과 별과 시》를 출간하려 했어요. 그러나 그 뜻을 이루지 못하고 일본으로 유학을 떠났지요. 1943년에 일본에서 독립운동 혐의로 체포된 윤동주는 후쿠오카 형무소에 수감되었다가 광복을 불과 6개월여 앞둔 1945년 2월 16일에 그만 옥사하고 말았어요. 그의 유고 시집이 된 《하늘과 바람과 별과 시》는 광복 이후인 1948년에 출간되어 지금까지도 우리 민족에게 감동을 주고 있지요.

민족의 한을 달래는
희망의 노래

일제 강점기에는 음악, 미술, 영화 등 다양한 예술 분야가 서구와 일본의 영향을 많이 받았어요.

먼저 음악 분야를 살펴보면, 주로 국외에서 불린 〈독립군가〉를 통해 나라 잃은 우리 민족의 설움과 일제에 대한 저항심을 나타냈어요. 1920년대 이후에는 서양 음악에 바탕을 둔 가곡과 동요 등이 등장했는데, 우리 민족의 슬픔과 일제에 대한 저항 의식을 표현한 곡들이 유행했지요.

울 밑에 선 봉선화야
네 모양이 처량하다.
길고 긴 날 여름철에 아름답게 꽃필 적에
어여쁘신 아가씨들 너를 반겨 놀았도다.
…….

— '봉선화'(홍난파)

〈봉선화〉는 우리나라 근대 음악의 선구자인 홍
난파의 첫 작품이에요. 당시 일제의 수탈과 탄압으
로 억압받던 우리 민족의 말할 수 없는 고통과 독
립에 대한 염원 그리고 조국에 대한 그리움 등이
잘 드러난 노래지요. 〈봉선화〉는 나라 잃은 설움에
사무친 우리 민족에게 큰 위로와 용기를 주는 동
시에 당시 힘겨웠던 상황을 함축적으로 드러냈다
고 평가받고 있어요. 그 밖에도 홍난파의 〈고향의

▌ 윤심덕(1897~1926) 〈사의 찬미〉
를 부른 우리나라 최초의 소프라노
가수다.

봄〉, 현제명의 〈고향 생각〉 〈희망의 나라로〉 등이 우리 민족의 심정을 잘 대변한
가곡으로 널리 불렸답니다.

　해외에서 활동하던 안익태가 1936년에 작곡한 〈애국가〉는 〈코리아 환상곡〉이
라는 교향곡 안에 들어 있던 합창곡으로 장중한 분위기를 풍겼어요. 또 이때
만들어져 일제에 의해 금지곡이 되기도 했던 〈황성 옛터〉나 〈목포의 눈물〉 등
은 지금까지도 불리고 있지요. 한국 최초의 소프라노 가수였던 윤심덕은 〈사의

▌ 경기 화성에 위치한 홍난파의 생가

찬미〉를 불러 큰 인기를 누리기도 했어요.

한편 1930년대 후반부터는 일제의 민족 말살 정책과 예술인들을 대상으로 한 일제의 치밀한 술수로 인해 음악가들 사이에서 친일 활동을 벌이는 이들이 생겨나기 시작했어요.

미술 분야에서도 일제의 식민 지배로 인한 예속화가 이루어지면서 일본 화풍이나 서양 모더니즘의 영향을 받은 작품들이 출현하기 시작했어요. 한편에서는 이중섭과 같은 화가가 일제 치하에서 고통받던 우리 민족의 정서를 향토적이면서도 개성적인 화풍으로 잘 표현해 냈지요.

영화 분야에서는 나운규가 활발한 활동을 펼쳤어요. 1926년에 나운규가 직접 시나리오를 쓰고 감독을 맡았던 〈아리랑〉은 일제 강점기에 나라를 잃은 우리 민족의 울분과 설움을 집약적으로 표현한 작품이에요. 흑백 무성 영화였지만 상상을 초월할 정도로 선풍적인 인기를 끌었지요.

▌ 나운규(1902~1937) 영화감독이자 배우이다. 23세 때부터 영화계에서 활약했으며, 대표 작품에 〈금붕어〉, 〈아리랑〉, 〈벙어리 삼룡이〉 등이 있다.

"관객들이 너무나 감동이 벅차서 목 놓아 우는 사람, 아리랑을 합창하는 사람, 심지어 조선 독립 만세를 외치는 사람까지, 그야말로 감동의 소용돌이였어요."

주연을 맡았던 여배우 신일선은 당시의 정황에 대해 이렇게 말했어요. 아리랑은 전국 곳곳에서 상영되었는데 1927년에는 일본에서도 상영되었어요. 리얼리즘을 기초로 일제에 억눌린 우리 민족의 울분을 예술적 경지로 승화시킨 아리랑은 신파물이나 외국 영화를 모방하는 데 그쳤던 당시 한국 영화계에 획기적인 변화를

▌ **〈아리랑〉 출연진들의 기념사진** 왼쪽에서 세 번째가 나운규이다. 〈아리랑〉은 흑백 무성 영화로 영화가 끝날 때 극장 안은 눈물바다가 되었고, 관객 모두가 영화의 주제곡인 아리랑을 따라 불렀다고 한다.

가져왔어요. 나운규는 이 외에도 〈금붕어〉, 〈벙어리 삼룡이〉 등을 제작해 한국 영화의 선구자로 불린답니다. 그러나 1930년대 이후에는 일제가 침략 전쟁을 찬양하고 고무하는 데 영화를 이용하면서 영화계 또한 친일의 길을 걸었답니다.

종교계의 민족 운동

　일제의 무자비한 탄압에 종교계도 다양한 민족 운동과 사회 운동을 전개했어요. 먼저 3·1 운동을 주도했던 천도교는 제2의 3·1 운동을 계획했지만 큰 성과를 거두지는 못했어요. 하지만 이후 농촌 계몽 운동을 주도하며 어린이 운동과 여성 운동 등에서 크게 활약했지요. 천도교인이었던 방정환은 천도교 소년회를 조직하고 본격적인 소년 운동을 전개하기도 했어요.

■ **방정환(1899~1931)** 아동문학가로 《소파 전집》을 지었고 소년 운동을 주창하며 어린이날을 제정했다.

> 씩씩하고 참된 소년이 됩시다. 그리고 늘 사랑하며 도와 갑시다.

　방정환은 '어린이'라는 호칭을 만들었어요. 그리고는 천도교 소년회를 중심으로 5월 1일을 '어린이날'로 선포했지요. 방정환은 어린이가 얼마나 소중

▌**제1회 어린이날 관련 기사** 1923년 5월 1일 〈동아일보〉에 소년 운동 협의회 주체 어린이날 행사 기사가 실렸다.

▌1923년에 발표된 ' *어린이 헌장'의 포스터이다.

한 존재인지 그리고 어린이를 어떻게 대하고 가르쳐야 하는지를 널리 알리기 위해 노력했어요. 당시에는 어린이를 함부로 대하며 힘든 일을 시키는 경우가 많았거든요. 이를 안타깝게 여긴 방정환은 〈어린이〉라는 잡지를 만들고 어린이날 기념행사를 열어 어린이에게 늘 관심을 가지고 그들이 잘 자랄 수 있도록 도와주어야 한다고 어른들을 설득했어요.

나인영(나철)은 우리 민족의 시조인 단군을 섬기는 대종교를 창시했어요. 그리고 1911년에는 적극적인 무장 투쟁을 벌이기 위해 중광단을 조직하고, 의병과 무관 학교 출신의 능력 있는 군사 간부들을 모집했지요. 나인영이 이끌던 이 조직은 처음에는 무장을 제대로 갖추지 못해 군사 활동보다는 청년 교육에 더 치중했어요. 그러다가 3·1 운동 이후에는 중광단을 기반으로 정의단을 조직하고

어린이 헌장 어린이의 복지 증진을 위해 국가, 사회, 가정이 마땅히 책임져야 할 기본적인 사항을 명문화한 것으로, 9개 조항에서 11개 조항으로 개정되었다.

이후에는 북로 군정서군으로 계승, 발전했지요. 북로 군정서군은 청산리 대첩을 승리로 이끌었던 바로 그 부대예요. 이처럼 대종교는 항일 투쟁에도 크게 기여했어요. 민족 종교답게 가장 적극적으로 무장 독립운동에 임했고, 만주 지역 동포들의 민족의식을 고취시켰지요.

천주교 역시 의민단이라는 항일 무장 투쟁 조직을 갖추고 있었어요. 의민단도 북로 군정서군과 함께 청산리에서 벌어진 전투에 참여해 활약했지요. 그러나 대다수의 천주교도들은 무장 투쟁보다는 고아원이나 양로원 설립 등의 사회사업과 민중 계몽 운동을 전개하는 데 더 많은 노력을 기울였어요.

개신교는 주로 교육과 의료 분야의 사업에 매진했어요. 개신교 종파 중 하나인 남장로 선교회는 일제 말기에 신사 참배 거부 운동을 벌여 지도자 중 일부가 체포되며 일제로부터 심한 탄압을 받기도 했지요.

불교는 한용운을 중심으로 불교계의 개혁을 주장했어요. 낡은 전통에 매여 시대에 뒤처진 당시 불교계의 현실을 비판했지요. 3·1 운동에도 주도적으로 참여했던 한용운은 1931년에 조선불교청년동맹을 이용해 청년 운동을 강화하려 노력하는 한편, 월간지 〈불교〉를 인수해 불교의 대중화와 독립 사상의 고취에 많은 노력을 기울였답니다.

▌ 박중빈(1891~1943) 1916년에 불교 계통의 새로운 종교인 원불교를 창시했다.

원불교는 박중빈이 1916년에 창시한 불교 계통의 새로운 종교예요. 원불교는 허례 폐지, 미신 타파, 금주, 단연 등을 외치며 새 생활 운동을 전개했어요. 또한 근검절약을 강조하고 저축 운동을 벌여 민족의 자립정신을 일깨우는 데 일조하기도 했지요.

이처럼 일제 강점 시대의 종교 단체들은 사회적·문화적 활동을 통해 민족 운동에 크게 기여했어요. 그러나 안타깝게도 식민 통치 말기에는 종교계에서도 친일 활동을 하거나, 병참 기지화 정책을 적극적으로 홍보하고 지지하는 단체 및 지도자들이 많이 생겨났지요.

당시 민족 문화를 수호하기 위해 우리 민족은 우리의 말과 역사 그리고 문화 등을 지키려고 노력했어요. 시인은 시로써, 음악가는 음악으로써 우리 민족의 애환을 달래고 광복에 대한 희망을 심어 주었지요. 이러한 노력은 우리의 사상과 문화를 근대 사회로 이끌었어요. 이 과정에서 우리 민족은 우리의 전통과 문화를 계승하고 새롭게 발전시켜 나갈 수 있었답니다.

시대를 품은 저항 시인,
이육사

시와 풍류를 즐기던 청년이었던 이원록은 식민 통치의 현실에 직면하자 일제에 대해 좀 더 알기 위해 일본 유학길에 올랐어요. 그런데 유학 도중 관동 대지진이 발생했고, 혼란한 틈을 타 일본인들이 한국인들을 무자비하게 학살하는 장면을 목격했지요. 목숨을 잃을 뻔한 위험천만한 상황에서 겨우 살아 조국으로 돌아온 이원록은 독립운동가 윤세주의 영향을 받아 중국을 오

이육사(1904~1944) 일제 강점기 때 민족이 처한 비극과 독립 의지를 노래했다. 베이징 감옥에서 옥사했다.

가며 본격적으로 독립운동에 뛰어들었어요. 그러다가 1930년 1월에 광주 학생 항일 운동으로 붙잡혀 대구 형무소에 투옥되었지요. 이후 이육사는 신문 기자로 활동하며 일제를 비판하는 글들을 실어 여러 차례 수감되었어요.

만주 지역을 오가며 독립운동을 하던 이육사는 1931년에 중국에서 문을 연 '조선혁명군사정치간부학교'에서 군사 간부 교육을 받았어요. 이 일로 또다시 구속되었다가 기소 유예로 석방된 이후 시사평론을 집필하고 본격적으로 시를 발표하기 시작했어요. 이때 발표한 시로 '청포도', '절정', '광인의 태양' 등이 있지요.

이육사의 시는 독립운동가들에게 희망과 용기를 북돋워 주었어요. 한 번은 전

투에서 심각한 부상을 입은 윤세주가 자신을 찾아온 이육사에게 말했어요.

"여기는 자네처럼 글을 쓰는 사내가 올 데가 아니야. 내가 힘들 때마다 무엇으로 버텼는지 아나? 이 시를 읽을 때마다 기운이 났네. 이상하게 자네 시를 읽으면 언젠가는 그날이 올 것 같아서 기분이 좋아졌다네."

윤세주는 품 안에서 낡은 신문지 조각 하나를 꺼냈고, 거기에는 이육사가 쓴 시인 〈청포도〉가 적혀 있었어요.

> 내 고장 칠월은
> 청포도가 익어 가는 시절
> ……
> 아이야 우리 식탁엔 은쟁반에
> 하이얀 모시 수건을 마련해 두렴
>
> — '청포도'(이육사)

1943년에 일제가 한글 사용을 규제하면서 이육사는 한시만 발표했어요. 그리고 그해 4월에는 국내로 무기를 반입해 오기 위해 중국으로 갔지요. 이육사는 가족의 제사에 참여하기 위해 잠시 귀국했다가 결국 경찰에 붙잡히고 말았어요. 베이징 주재 일본 총영사관 감옥에 구금되어 모진 고문을 받았던 이육사는 그렇게 바라던 독립을 보지 못한 채 끝내 감옥에서 생을 마감했지요.

이육사는 한 손에는 펜을, 또 한 손에는 무기를 들고 우리나라의 독립을 위해 적극적으로 행동한 실천적 지식인이었어요. 일제의 강요에 의해 어쩔 수 없이 친일 행위를 할 수밖에 없었다고 주장한 친일파의 변명을 무색하게 만든 대표적인 인물 중 하나지요.

찾아보기

조

선

시

대

대한
제국

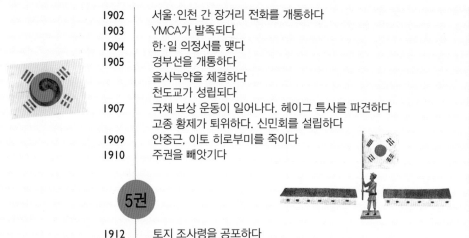

대
한
제
국

5권

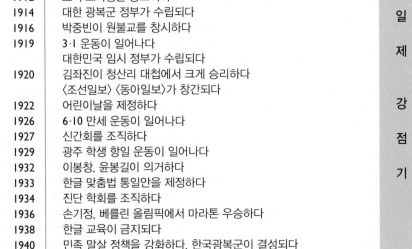

일
제
강
점
기

6권

대
한
민
국

1963	박정희 정부가 성립되다
1965	한·일 협정을 조인하다
1966	한·미 행정 협정을 조인하다
1967	제2차 경제 개발 5개년 계획을 실시하다(~1971)
1968	1·21 사태가 일어나다
1970	새마을 운동이 시작되다. 경부 고속 국도를 개통하다
1972	제3차 경제 개발 5개년 계획을 실시하다(~1976)
	7·4 남북 공동 성명을 발표하다. 남북 적십자 회담을 개최하다
	10월 유신이 일어나다
1973	6·23 평화 통일을 선언하다
1974	북한 땅굴을 발견하다
1976	판문점 도끼 만행 사건이 일어나다
1977	제4차 경제 개발 5개년 계획을 실시하다(~1981)
1978	자연 보호 헌장을 선포하다
1979	10·26 사태가 일어나다
1980	5·18 민주화 운동이 일어나다
1981	전두환 정부가 출범하다
1983	KAL기 피격 참사, 아웅산 사건이 일어나다
	KBS, 이산가족 찾기 TV 생방송을 하다
1985	남북 고향 방문단의 상호 교류가 이루어지다
1986	서울 아시아 경기 대회를 개최하다
1987	6월 민주 항쟁이 일어나다
1988	한글 맞춤법이 고시되다. 노태우 정부가 출범하다
	제24회 서울 올림픽 대회를 개최하다
1989	동구권 국가와 수교하다
1990	소련과 국교를 수립하다
1991	남북한이 유엔에 동시 가입하다
1992	중국과 국교를 수립하다
1993	김영삼 정부가 출범하다
1994	북한, 김일성이 사망하다
	정부 조직을 개편하다
1995	지방 자치제를 실시하다
	한국, 유엔 안보리 비상임 이사국에 뽑히다
1996	경제 협력 개발 기구(OECD)에 가입하다
1998	김대중 정부가 출범하다

대

한

민

국

--- 2000

2000	남북 정상 회담, 6·15 남북 공동 선언을 하다
	아시아·유럽 정상 회의(ASEM)를 개최하다
2002	한·일 월드컵 대회를 개최하다
	제14회 부산 아시아 경기 대회를 개최하다
2003	노무현 정부가 출범하다
2005	아시아·태평양 경제 협력체(APEC) 정상 회의를 개최하다
2006	수출 3000억 달러를 돌파하다
2007	반기문, 유엔 사무총장에 취임하다
	제2차 남북 정상 회담을 개최하다
2008	이명박 정부가 출범하다
2013	박근혜 정부가 출범하다

참고문헌 및 인터넷 사이트

고등학교 한국근현대사, 금성출판사, 2003

뿌리 깊은 한국사 샘이 깊은 이야기 6, 김태웅, 솔 출판사, 2003

뿌리 깊은 한국사 샘이 깊은 이야기 7, 류승렬, 2003

사진과 그림으로 보는 한국의 역사 3, 역사문제연구소, 웅진지식하우스, 1993

살아있는 한국 근현대사 교과서, 김육훈, 휴머니스트, 2007

살아있는 한국사 교과서 2, 전국역사교사모임, 휴머니스트, 2002

어린이 살아있는 한국사 교과서 5, 전국역사교사모임·이성호, 휴머니스트, 2005

우리말의 탄생 – 최초의 국어사전 만들기 50년의 역사, 최경봉, 책과함께, 2006

2010조선총독부 관보 1910년 12월 30일

일본사 다이제스트 100, 정혜선, 가람기획, 2011

일제강점기, 박도, 눈빛, 2010

중학교 역사 1, 2, 조한욱 외, 비상교육, 2012

중학교 역사 1, 2, 김형종 외, 금성출판사, 2012

중학교 역사 1, 2, 주진오 외, 천재교육, 2012

중학교 역사부도, 조한욱 외, 비상교육, 2012

중학교 역사(하), 정선영 외, 미래엔, 2012

청소년을 위한 한국근현대사, 김인기 외, 두리미디어, 2006

큰별쌤 최태성의 한눈에 사로잡는 한국사 근현대편, 최태성, 들녘, 2011

국사편찬위원회 한국사 데이터베이스

뉴스메이커

중앙일보

위키백과

오마이뉴스

MBC 광복절 특집 드라마 〈절정〉

사진 출처

권태균

12p(황현—구례 매천사), 14p(조선 총독부 공사 현장 –《독립운동》상), 17p(일제 강점 시대 태형 기구—여순 감옥), 21p(토지 측량—독립기념관), 24p(동양 척식 주식회사—독립기념관), 29p(서울 시내에서의 만세 시위—독립기념관), 31p(유관순—유관순기념관), 33p(제암리 학살 사건—독립기념관), 39p(대한민국 임시 정부의 요인들—우당기념관), 40p(제국주의 풍자화), 44p(사이토 마코토), 47p(기사가 삭제된 〈동아일보〉—동아일보), 49p(군산항에 쌓여 있는 쌀—독립기념관), 53p(태극성 광목—독립기념관), (경성방직 주식회사의 광고—동아일보), 55p(문자 보급 운동 책자—독립기념관), (문자 보급 운동—독립기념관), (브 나로드 운동—사진으로 보는 한국백 년(동아일보사)), 58p(암태도 소작 쟁의 농민들), (암태도 소작 쟁의 기념탑—전남 신안군청), 60p(강주룡—사진으로 보는 한국 백 년(동아일보사)), 63p(6·10만세 운동 보도한 〈조선일보〉—조선일보사), 64p(희롱당한 한국인 여학생—《독립운동》상), (박준채—《독립운동》상), 66p(박재혁—우당기념관), (김익상—우당기념관), 67p(서울 대학로에 있는 김상옥의 동상), 68p(나석주의 거사를 보도한 〈동아일보〉의 호외—동아일보사), 69p(김원봉—우당기념관), 74p(청산리 전투지), (청산리에서 부상병을 실어 나르는 일본군—독립기념관), (청산리 대첩 기념사진과 김좌진 장군—《독립운동》상), 75p(간도 부녀자들—《독립운동》상), (폐허가 된 간도 마을—《독립운동》상), 77p(피의 일요일 사건), 81p(산하이관을 점령한 일본군—동북항일기념관—하얼빈), 82p(만주국이 만든 홍보 포스터), (일본의 10센 우표), 85p(황해도 금산포의 철광산—사진으로 보는 한국 백 년(동아일보사)), 87p(강제 동원된 소년병들—독립기념관), (강제 징용자 신체 검사장), 88p(한인 탄광 노동자—독립기념관), (홋카이도 탄광 강제 징용자들—독립기념관), 90p(황국 신민 서사 암송 소년들—독립기념관), 91p(황국 신민 서사 새겨진 돌), 92p(궁성 요배—독립기념관), (신사 참배), 93p(내선 일체가 새겨진 비석), 97p(이봉창—우당기념관), 98p(김구—백범기념관), 99p(윤봉길—백범기념관), (윤봉길 의사 기록화—윤봉길기념관), 100p(윤봉길), (윤봉길 의사 기념관—백범기념관), 103p(조선 의용대—《쉽게 볼 수 없는 역사 사진》(산동성출판사)), (담장에 표어 쓰는 의용군), 107p(인도로 파견된 한국광복군—《독립운동》상), (한국광복군의 훈련 모습—《독립운동》상), 109p(태평양전쟁), 114p(박은식), 115p(한국통사), (한국독립운동지혈사), 116p(신채호—단재기념관), 118p(조선어 학회 회원들—독립기념관), (《큰사전》의 원고—독립기념관), 121p(《님의 침묵》의 표지), 122p(심훈—우당기념관), 123p(연세 대학교 교정에 있는 윤동주 시비), (《하늘과 바람과 별과 시》의 원고—정병욱 생가), 125p(윤심덕), (경기도 화성시에 있는 홍난파 생가), 126p(나운규), 127p(《아리랑》 출연진들의 기념사진), 128p(방정환), 129p(제1회 어린이날 관련 행사– 독립기념관), ('어린이 헌장' 포스터– 독립기념관), 130p(박중빈), 132p(이육사—이육사기념관)

Hello photo(연합포토)_ 94p(창씨개명 위해 줄 선 모습), 119p(《조선말 큰사전》)